Wolfgang Hett

BODENSEE-SCHIFFERPATENT

für Segler und Motorbootfahrer

Anleitung für den Unterricht
mit Prüfungsfragen und -Antworten

Verlag Friedr. Stadler Konstanz

Bodensee-Taschenbuchreihe
Band 6

© Verlag Friedr. Stadler, Konstanz
3. Auflage 1982
Umschlagfoto: Adelheid Schweizer

ISBN 3-7977-0096-2

Vorwort

Nachdem die erste Auflage in kurzer Zeit vergriffen war, wurde das Büchlein für die zweite und jetzt vorliegende dritte Auflage nochmals überarbeitet, mit dem Ziel, den Inhalt mit Rücksicht auf die Prüfung noch weiter zu straffen.

Um auch dem Wunsch vieler Leser, welche die Zusatzprüfung zur Hochrheinstrecke zwischen Stein am Rhein und Schaffhausen ablegen wollen, entgegen zu kommen, wurde der Inhalt um diesen Bereich erweitert.

Da der Verfasser seinen Wohnsitz wieder nach Hamburg verlegte, übernahm Herr Höchsmann, Lindau, die Durchsicht der neuen Auflage für den Bereich Obersee, während Herr Sperandio, Leiter des Schiffahrtsamtes beim Landratsamt Konstanz die Durchsicht für den Streckenabschnitt von Konstanz bis Schaffhausen übernahm.

Beiden Herren, sowie dem Verlag, der den Änderungswünschen großes Verständnis entgegen brachte, sei von dieser Stelle aus herzlichst gedankt. Haben sie doch wesentlichen dazu beigetragen, das Büchlein weiterhin aktuell zu halten und mitgeholfen, dem angehenden Bodenseeschiffer das notwendige Wissen zu vermitteln und gut auf die Prüfung vorzubereiten. Als zweckmäßige Ergänzung zu diesem Büchlein wird die Anschaffung einer Bodensee-Schiffahrtskarte empfohlen, die über den einschlägigen Buchhandel oder über die Bodensee-Schiffsbetriebe in Konstanz zu beziehen ist.

Wolfgang Hett

Inhaltsverzeichnis

I Der Bodensee (Revierkunde) 6
Höhenlage und Gliederung 6
Größenverhältnisse 6
Abstufung des Seebodens 9
Berechnung der Wassertiefe 9
Brücke bei Konstanz (Berechnung der freien Durchfahrtshöhe) 11
Seezeichen 12
Engstellen 17
Natur- und Landschaftsschutzgebiete 17
Prüfungsfragen und Antworten 21

II Rechts- und Verwaltungsvorschriften 24
Erlaubnis zum Führen von Sportbooten auf dem Bodensee 24
Kennzeichnungs- und Zulassungspflicht 27
Auflagen für den Schiffsführer 27
Einschränkungen für die Schiffahrt 32
Verbote 34
Gebote 37
Hinweiszeichen 38
Prüfungsfragen und Antworten 42

III Wegerecht 49
Vorrangschiffe 49
Fischereifahrzeuge beim Fang 49
Wegerecht für alle Fahrzeuge 49
Seerhein- und Hochrheinstrecke 51
Rheinstrecke zwischen Stein und Schaffhausen (Erweiterungsprüfung) 52
Prüfungsfragen und Antworten 54
Fragen und Antworten für die Erweiterungsprüfung . . 59

IV Signale 62
Schallsignale 62
Tagsignale (optisch) 63
Notsignale 65
Prüfungsfragen und Antworten 66

V Feuer und Lichter ... 71
Feuer ... 71
Lichter ... 71
Leuchtwinkel (Sektoren) ... 72
Lichterführung ... 72
Prüfungsfragen und Antworten ... 74

VI Wetterkunde und Sturmwarndienst ... 78
Reviergebundene Wetterkunde ... 78
Sturmwarndienst am Bodensee ... 79
Maßnahmen bei Sturmgefahr ... 80
Prüfungsfragen und Antworten ... 82

VII Navigation ... 84
Die Karte ... 84
Der Kompaß ... 86
Prüfungsfragen und Antworten ... 88

VIII Seemännische Arbeiten, Kenntnisse und Sicherheit ... 89
Tauwerk ... 89
Knoten ... 90
Anker ... 92
Ankern ... 94
Prüfungsfragen und Antworten ... 96

IX Segeln (zusätzlicher Lehrstoff für Kategorie D) ... 98
Allgemeines ... 98
Bauart der Boote ... 98
Takelage/Rigg ... 104
Grundbegriffe des Segelns ... 108
Segelmanöver ... 109
Prüfungsfragen und Antworten ... 114

I Der Bodensee (Revierkunde)

Höhenlage und Gliederung

Der Bodensee, Grenzgewässer von Deutschland, Schweiz und Österreich, einer der größten Binnenseen Europas und auf einer Höhenlage bei mittlerem Wasserstand von 395,77 m über dem Meeresspiegel liegend, gliedert sich in den Obersee von Bregenz bis Konstanz mit der Insel Lindau, den Überlinger See von Meersburg bis Ludwigshafen mit der Insel Mainau und den Untersee von Konstanz bis Schaffhausen mit der Insel Reichenau.

Der Untersee umfaßt den Seerhein von Konstanz bis Stein am Rhein sowie den Zeller See, den Gnadensee und den Markelfinger See, während man das Seerheinstück zwischen Stein am Rhein und Schaffhausen als Hochrhein bezeichnet. (Abb. 1)

Größenverhältnisse

Luftlinie Bregenz – Konstanz	46 km
Luftlinie Bregenz – Ludwigshafen	63 km
Luftlinie Mainau – Ludwigshafen	17 km
Luftlinie Konstanz – Stein am Rhein	27 km
Größte Breite des Obersees, zwischen Friedrichshafen und Arbon	14 km
Breite des Überlinger Sees durchschnittlich	2 km
Größte Breite des Überlinger Sees (Mainau in Nord-Süd-Richtung)	4 km
Tiefe zwischen Fischbach und Uttwil	251,8 m
Gesamtumfang der Uferlinie mit Untersee	263 km
Seeoberfläche mit Untersee	540 qkm
Seewölbung Bregenz – Konstanz	41,56 m
Seewölbung Friedrichshafen – Romanshorn	3,07 m
Rauminhalt (Wassermenge)	ca. 50 Milliarden cbm

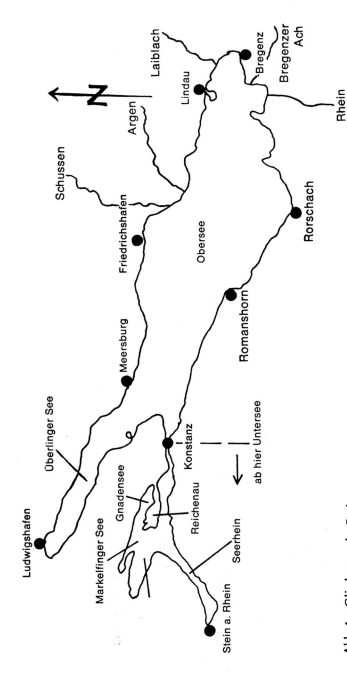

Abb. 1 Gliederung des Bodensees

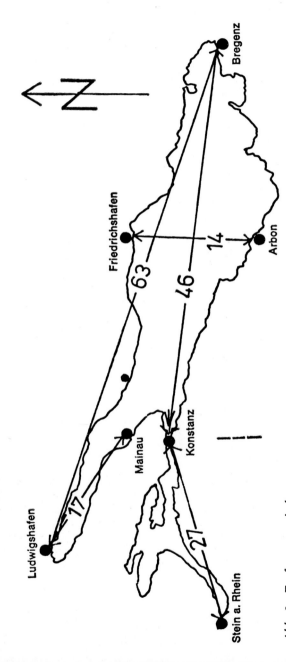

Abb. 2 Entfernungen in km

Abstufung des Seebodens

Da wegen der außerordentlich großen Tiefe des Bodensees seewärts der Halde ein Ankern nicht möglich ist, ist die Kenntnis von der Abstufung des Seebodens von großer Wichtigkeit. Als Bereich für eine Ankermöglichkeit steht nur die Wysse und bedingt der Hang zur Verfügung.

Die Abstufung des Seebodens bezeichnet man wie folgt: Ufer, Hang, Wysse, Halde, Schweb, Tiefhalde, tiefer Schweb. (Abb. 3)

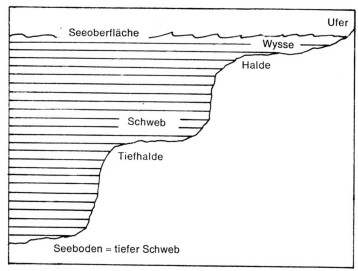

Abb. 3 Abstufung des Seebodens

Berechnung der Wassertiefe

Der Bodensee wird fast in seiner ganzen Länge vom Rhein durchflossen und auch von anderen kleinen Zuflüssen gespeist. Da das Einzugsgebiet des Rheins, der 70 bis 80 % der zufließenden Wassermenge erbringt, bis in sehr große Höhen hinaufreicht, ist der Wasserstand naturgemäß großen Schwankungen unterworfen. Um die Schiffahrt nicht zu gefährden, sind die Uferzonen und Fahrrinnen durch Seezeichen gekennzeichnet.

Die Berechnung des Wasserstandes erfolgt über Pegel, das sind Meßlatten, die sich in allen Häfen befinden. Der Wasserstand am Pegel Konstanz wird außerdem täglich im Südwestfunk um 07.55 Uhr bekannt gegeben.

Alle Angaben, die sich auf Wassertiefen oder Brückendurchfahrtshöhen beziehen, sind auf den durchschnittlich niedrigsten Wasserstand bezogen; dann zeigt der Pegel einen Wasserstand von 2,50 m an, d. h. der Pegel zeigt eigentlich 2,50 m zuviel. (Abb. 4)

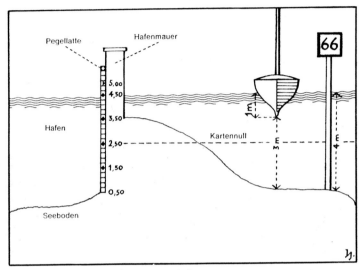

Abb. 4 Berechnung der Wassertiefe

Berechnung der tatsächlichen Wassertiefe

Zur Berechnung der tatsächlichen Wassertiefe ist also eine Umrechnung erforderlich, die wie folgt durchzuführen ist:

(Wasserstand − Pegelnull) + Tiefenlinie (Wst − 2,50) + TL

Beispiel 1: Pegel 4,50 m, Seekarte 2 m.

```
    4,50 m  Pegel
 −  2,50 m  Pegelnull
 ─────────
 =  2,00 m
 +  2,00 m  Seekarte

    4,00    tatsächliche Wassertiefe
 −  1,00 m  Tiefgang
 ─────────
 =  3,00 m  Wasser unter dem Kiel
```

Bei einer Untiefe, die bei Niedrigwasser (Pegel 2,50) über dem Wasserspiegel liegt, ist die Angabe auf der Seekarte mit einem Plus-Zeichen versehen.

Beispiel 2: Pegel 3,50 m, Seekarte + 0,5 m.

       3,50 m Pegel
    – 2,50 m Pegelnull
    = 1,00 m
    – 0,50 m (Seekarte)
    = 0,50 m tatsächliche Wassertiefe

Brücke bei Konstanz

Vom Obersee kommend, ist die Fahrrinne zu der Konstanzer Rheinbrücke gekennzeichnet durch die Rhomben 1 bis 5, die vor der Brücke liegen. Die Ansteuerung vom Obersee aus erfolgt über den Frauenpfahl, der durch eine rot-weiße Kugel gekennzeichnet ist. Nachts ist er befeuert mit zwei gelben, übereinander liegenden Lichtern.

Rechte Brückendurchfahrt benützen!

Vor Einfahrt in die Brücke Einfahrtsignal, 1 mal lang, geben!

Bei Begegnung von gleichrangigen Fahrzeugen haben bergwärts fahrende Schiffe vor der Brücke zu warten. Begegnungen unter der Brücke sind verboten.

Vorrangschiffe haben als Berg- und Talfahrer Wegerecht!

Es muß, wenn auch nicht zulässig, mit Gegenverkehr gerechnet werden! (Unwissenheit!). Auf starke Strömung achten.

Die Höhenangaben der Konstanzer Rheinbrücke beziehen sich auf den Brückenscheitel bei Kartennull.

Durchfahrtshöhe bei Talfahrt gesehen:
links: 5,75 m   Mitte: 6,15 m   rechts: 6,33 m

Berechnung der tatsächlichen Brückendurchfahrtshöhe

Beispiel:

Nehmen wir wieder einen Pegelstand von 4,50 m an und wählen den mittleren Brückenbogen mit 6,15 m, so ergibt sich:

```
  4,50 m  Pegel
− 2,50 m  Pegelnull
= 2,00 m  Wasser über Normalnull
  6,15 m  Durchfahrtshöhe
− 2,00 m  Wasser über Normalnull
= 4,15 m  freie Durchfahrtshöhe
```

Seezeichen

Um die Schiffahrt vor der Ufernähe zu warnen bzw. um Fahrrinnen und Untiefen zu kennzeichnen, werden verschiedenartige Seezeichen verwendet. Die Seezeichen kennzeichnen durchweg eine Tiefenlinie von 2 m bei Niedrigwasser, d. h. bei einem Pegelstand von 2,50.

Seezeichen zur Kennzeichnung der Ufernähe, von Untiefen und Fahrrinnen

Die großen Nummerntafeln, die darauf hinweisen, daß landwärts die Wassertiefe geringer wird als 2 Meter (bei einem Pegelstand von 2,5 Meter). Sie sind als Lattenrost gebaut, weiß gestrichen und haben einen schwarzen Rand und eine schwarze Zahl, deren Sichtbarkeit zum Teil bei Nacht noch durch aufgesetzte Reflektoren (Katzenaugen) verbessert wird. Die jeweilige Zahl auf der Tafel entspricht der in der Schiffahrtskarte eingetragenen Ordnungsnummer.

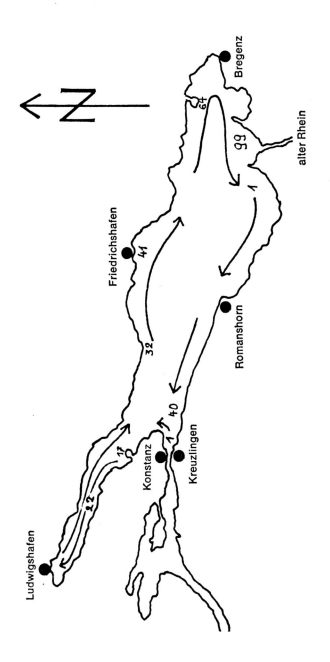

Abb. 5   Verlauf der Seezeichen am Ober- und Überlinger See

Verlauf der Seezeichen

Die Numerierung der Seezeichen im Ober- und Überlinger See beginnt beim Frauenpfahl in Konstanz mit Nr. 1 und setzt sich, im Uhrzeigersinn gesehen, entlang dem Nordufer des Konstanzer Trichters, dem Süd- und Nordufer des Überlinger Sees, des Obersees und dem österreichischen Ufer bis zum Oberen Rheinspitz fort und endet dort mit Nr. 99.

Vom Unteren Rheinspitz ab (Schweizer Ufer) beginnen die Seezeichen wieder mit Nr. 1. Sie enden in Kreuzlingen mit der Nr. 40. Die Nummern der Seezeichen erleichtern bei unsichtigem Wetter sehr gut die Orientierung. (Abb. 5)

Die Fahrrinnen auf dem Seerhein sind ab Frauenpfahl bei Konstanz bis abwärts Ermatingen mit grün-weißen Rhomben gekennzeichnet, deren grün gestrichene Hälften nach der Fahrrinne und deren weiße Hälften nach der Untiefe zeigen. An den Pfählen der Rhomben sind kleine Tafeln mit Nummern angebracht.

Auf der Strecke vom Frauenpfahl bis Ermatingen beginnen diese Seezeichen mit der Nr. 1 beim Frauenpfahl und enden bei Ermatingen mit der Nr. 31.

Zwei weitere grün-weiße Rhomben kennzeichnen die Durchfahrt vom Zeller See in den Markelfinger- bzw. Gnadensee. Sie besitzen die Nummern 32 und 33.

Am Nordufer des Untersees wird die 2 m Tiefenlinie wieder mit Nummerntafeln gekennzeichnet. Sie beginnen bei Iznang mit der Nr. 1 und enden bei Öhningen Oberstaad mit Nr. 11.

Zur besseren Kennzeichnung der Fahrrinne zwischen Gottlieben und Ermatingen sind hier noch zusätzlich Tannenwyfen gesetzt. Sie befinden sich bei Talfahrt an der rechten Fahrwasserseite und bei Bergfahrt an der Engstelle Gottlieben-Ermatingen, ebenfalls an der rechten Seite des Fahrwassers.

Von Stein am Rhein an ist die Fahrrinne wieder mit grün-weißen Rhomben, jedoch ohne Numerierung, gekennzeichnet.

Durch das Fehlen von Tannenwyfen bzw. Pricken ist das Fahrwasser jedoch nicht immer klar erkennbar, so daß diese Strecke einer genauen Ortskenntnis bedarf. Auch gibt es hier sehr unterschiedliche Strömungen, unter Wasser liegen Felsen und Sandbänke.

Seezeichen auf Untiefen

Der Bodensee besitzt seewärts der 2 m Tiefenlinie mehrere Untiefen, d. h. flache Stellen, deren Lage dem Schiffsführer bekannt sein muß. (Abb. 6)

Vier der Untiefen befinden sich zwischen Wasserburg und Lindau:

Unterer Berg vor Wasserburg, beim Seezeichen 55a-c

Oberer Berg vor Wasserburg, beim Seezeichen 57a-c

Alwinder Berg westlich der Schachener Bucht, beim Seezeichen 60a-c

Schachener Berg vor Schachen, beim Seezeichen 62a-d

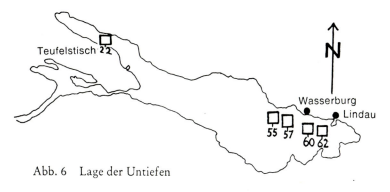

Abb. 6 Lage der Untiefen

Im Überlinger See befindet sich, westlich von Wallhausen, ein Felsen, der nur bei sehr niedrigem Wasserstand zu sehen ist. Es ist der Teufelstisch. Er hat das Seezeichen 22. (Abb. 6)

Kennzeichnung der Untiefen und Fahrrinnen

Untiefen werden gekennzeichnet durch rote Dreiecke, deren Spitze nach unten zeigt.

Rhomben, grün-weiß dienen zur Kennzeichnung von Fahrrinnen und stellen eine Empfehlung dar. Empfohlene Fahrrinne: grün.

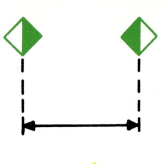

Ein Rhombus, gelb, an Brücken angebracht, kennzeichnet eine Brückendurchfahrt, die in beiden Richtungen befahren werden darf (Gegenverkehr).

Zwei gelbe Rhomben, neben- oder übereinander, kennzeichnen eine Brückendurchfahrt, die nur von der Richtung aus durchfahren werden darf, aus der diese Zeichen sichtbar sind.

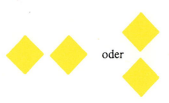

oder

Rhomben, weiß-rot, zeigen an, daß es verboten ist, außerhalb der weißen Begrenzung zu fahren.

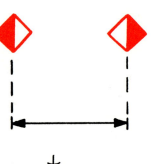

Tannenwyfen stehen im Seerhein zwischen Konstanz und Ermatingen und dienen, zusätzlich zu anderen Seezeichen, zur besseren Markierung der Fahrrinne. Sie stehen stets an der rechten Fahrwasserseite.

Engstellen

Der Seerhein hat zwischen der Konstanzer Brücke und seiner seenartigen Erweiterung bei Ermatingen zwei Engstellen, der „Schwanenhals" und die Stromgabelung Gottlieben-Ermatingen, die sich sehr wesentlich voneinander unterscheiden.

Engstelle „Schwanenhals"
Diese Engstelle hat eine Fahrrinne von 6 bis 14 m Tiefe und einen Sommerweg, der im Frühjahr, also bei niedrigstem Wasserstand, trocken fällt. Beide Fahrrinnen dürfen benützt werden. Die Entscheidung trifft der Schiffsführer.
Einfahrt (Talfahrt) zwischen Seezeichen 10 und 11. Seezeichen 11 liegt auf der Untiefe.
Einfahrt Sommerweg zwischen Seezeichen 10s und 11s. Seezeichen 11s liegt auf der Untiefe.
Ausfahrt zwischen Seezeichen 17 und 18 für den Winterweg und Seezeichen 17s und 18s für den Sommerweg. (Abb. 7)

Engstelle „Stromgabelung Gottlieben–Ermatingen"
Die Engstelle Gottlieben–Ermatingen hat für Berg- und Talfahrt je eine vorgeschriebene Fahrrinne.
Einfahrt bei Talfahrt zwischen Seezeichen 21 und 22. Seezeichen 22 steht auf der Untiefe. Ausfahrt bei Seezeichen 25.
Einfahrt bei Bergfahrt zwischen Seezeichen 25 und 26.
Tiefe der Fahrrinne 3 bis 6 m.

Natur- und Landschaftsschutzgebiete

Am Bodensee sind mehrere Naturschutzgebiete vorhanden. Sie sind gekennzeichnet durch ein auf der Spitze stehendes Dreieck, welches grün umrandet ist und in welchem sich die Zeichnung eines fliegenden Adlers und das Wort „Naturschutzgebiet" befindet.
Während Naturschutzgebiete nur auf öffentlichen Wegen betreten werden dürfen, ein „an Land gehen" also nicht möglich ist, dürfen Landschaftsschutzgebiete beliebig betreten werden, jedoch steht hier Flora und Fauna unter besonderem Schutz. Landschaftsschutz-

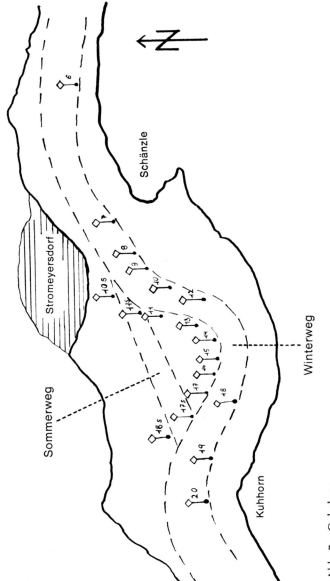

Abb. 7 Gabelung
Stromeyersdorf/„Schwanenhals"

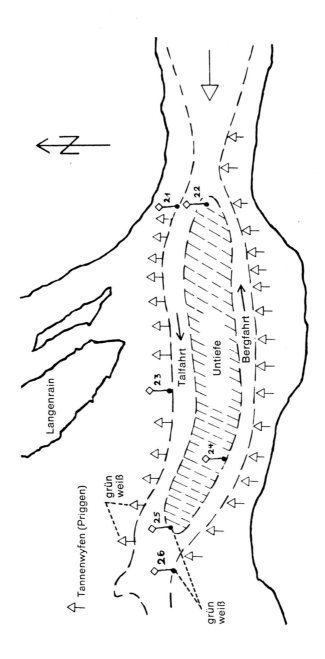

Abb. 8 Gabelung Gottlieben–Ermatingen

gebiete sind gekennzeichnet wie Naturschutzgebiete, nur daß anstatt des Wortes „Naturschutzgebiet" das Wort „Landschaftsschutzgebiet" steht. (Abb. 9)

Die bekanntesten Naturschutzgebiete am Bodensee sind:

Im Bereich Obersee:
Rheinspitz (Rheindelta östl. der alten Rheinmündung)
Eriskircher Ried (zwischen Schussen- und Rotachmündung)
Wasserburger Bucht

Im Bereich Überlinger See:
Schilfgebiet bei der Mündung der Seefelder Aach (westl. von Unteruhldingen).

Im Bereich Seerhein:
Wollmatinger Ried (gegenüber Gottlieben/Schweiz)

Im Bereich Untersee:
Teile der Halbinsel Mettnau.

Abb. 9

Prüfungsfragen und Antworten zu
Teil I   Der Bodensee (Revierkunde)

1
Welche Staaten grenzen an den Bodensee?

Deutschland, Schweiz, Österreich.

2
Nennen Sie die einzelnen Seeteile des Bodensees!

Obersee mit Überlinger See und Altenrhein, Untersee mit Seerhein, Zeller-, Markelfinger- und Gnadensee.

3
Wie groß sind die Entfernungen
a) von Bregenz nach Konstanz?
b) von Bregenz nach Ludwigshafen?

a) 46 km; b) 63 km

4
Wo befindet sich die breiteste Stelle des Bodensees und wie breit ist es dort?

14 km zwischen Friedrichshafen und Arbon.

5
Nennen Sie drei bekannte Untiefen im Ober- und Überlingersee!

Schachener Berg, Alwinder Berg, Unterer Berg, Oberer Berg, Teufelstisch.

6
Wie bezeichnet man die Abstufungen des Seebodens am Bodensee?

Ufer, Wysse, Halde, Schweb, Tiefhalde, tiefer Schweb.

7
Bei welchem Pegelstand stimmen die Tiefenangaben der Bodenseekarte und der Hafenpläne?

2,50 m

8
Wie errechnen Sie die tatsächliche Wassertiefe, z. B. an der 2 m Tiefenlinie?

Heutiger Pegelstand minus 2,50 m plus 2 m.

9
Berechnen Sie die Wassertiefe unter dem Kiel beim heutigen Wasserstand an der 2 m Tiefenlinie und einem Tiefgang Ihres Schiffes von 0,85 m (Rechengang)!

Heutiger Pegelstand minus 2,50 m, plus 2 m, minus 0,85 Meter.

10
Beschreiben Sie den Verlauf der Numerierung der Seezeichen am deutschen und österreichischen Ufer des Bodensees!

Beginnend am Frauenpfahl in Konstanz Nr. 1, entlang dem nördlichen Ufer des Konstanzer Trichter, im Uhrzeigersinn weiter verlaufend um den Überlinger See und den Obersee, bis zum oberen Rheinspitz Nr. 99.

11
Nennen Sie die Brückendurchfahrtshöhen der Konstanzer Brücke vom Obersee her gesehen und bei einem Pegelstand von 2,5 m!

Vom Obersee gesehen, von links nach rechts, 5,75, 6,15 und 6,33 m.

12
Berechnen Sie die freie Durchfahrtshöhe des mittleren Brückenbogens in Konstanz bei einem Pegelstand von 3,7 m!

3,70 — 2,50 = 1,20
6,15 — 1,20 = 4,95

13
Wie sind Naturschutzgebiete gekennzeichnet?

Weißes, dreieckiges Schild mit grünem Rand, auf der Spitze stehend. Darauf in schwarz ein fliegender Adler und das Wort „Naturschutzgebiet".

14
Welches sind die wichtigsten Naturschutzgebiete am Bodensee?

Wollmatinger Ried, Eriskircher Ried, Teile der Halbinsel Mettnau, Oberer Rheinspitz, Wasserburger Bucht.

15
Dürfen Sie mit Ihrem Fahrzeug in Naturschutzgebieten an Land gehen?

Nein. Betreten nur auf öffentlichen Wegen gestattet.

II Rechts- und Verwaltungsvorschriften

Die Schiffahrt auf dem Bodensee wird geregelt durch die Bodensee-Schiffahrtsordnung (BodenseeSchO) von 1976.

Hiernach ist der Obersee gemeinsam verwaltetes, unabgeteiltes Hoheitsgebiet, mit Ausnahme des Konstanzer Trichters, wo die geometrische Mitte als Staatsgrenze gilt.

Im Untersee verläuft die Staatsgrenze in der Mitte des Seerheins.

Die Schiffahrtsbehörden üben eine verwaltende Tätigkeit aus und sind für die Zulassung von Wasserfahrzeugen, wie auch zur Ausstellung der Schifferpatente, zuständig, während die Wasserschutzpolizei die Vollzugsaufgaben sowie den Sturmwarn- und Rettungsdienst wahrnimmt.

Erlaubnis zum Führen von Sportbooten auf dem Bodensee

Der Gesetzgeber hat bestimmt, daß der verantwortliche Schiffsführer für

maschinengetriebene Vergnügungsfahrzeuge mit einer Antriebsleistung über 6 DIN PS
und für Segelboote mit einer vermessenen Segelfläche über 12 qm

ein entsprechendes Bodensee-Schifferpatent besitzen muß. Hierbei ist zu beachten, daß ein Segelboot, auch bei gesetzten Segeln, bei laufender Maschine ein maschinengetriebenes Fahrzeug ist.

Das Bodensee-Schifferpatent und auch die Zulassungspapiere für das Fahrzeug, hat der verantwortliche Schiffsführer auf jeder Fahrt mit zu führen; genauso ist er verpflichtet vor Antritt jeder Fahrt das Boot auf seine Tauglichkeit hin zu überprüfen, was insbesondere auch für die Ausrüstung gilt.

Fahrzeuge unter den angegebenen Größen sind „patent-frei", unterliegen jedoch einer Anmelde- und Registrierpflicht, wenn ihre Länge über alles 2,50 m übersteigt und wenn sie weder bewohnbar, noch mit sanitären Einrichtungen, noch mit einer Antriebsmaschine ausgerüstet sind.

Es werden folgende Patente unterschieden:
Kategorie A: Fahrzeuge mit Maschinenantrieb über 6 DIN PS
Kategorie B: Gewerbliche Fahrzeuge (Fahrgastschiffe)
Kategorie C: Schwimmende Geräte
Kategorie D: Segelfahrzeuge mit Segelfläche über 12 m².

Der Geltungsbereich des Bodensee-Schifferpatentes umfaßt den Ober- und Untersee, mit allen Seeteilen, bis Stein am Rhein. Für die Hochrheinstrecke von Stein am Rhein bis Schaffhausen gelten besondere Bestimmungen.

Zur Erlangung des Bodensee-Schifferpatentes sind erforderlich:
Der Nachweis guter theoretischer Kenntnisse
der Nachweis einer sicheren Bootsführung
ein polizeiliches Führungszeugnis
bei Brillenträgern oder Personen mit körperlichen Gebrechen ein amtsärztliches Attest
Mindestalter für Patente der Kategorie A: 18 Jahre
Mindestalter für Patente der Kategorie D: 16 Jahre

Die praktischen Kenntnisse müssen so gründlich sein, daß der Patentanwärter sein Boot bei jeder Wetterlage sicher beherrscht und bei der Führung desselben weder sich noch andere in Gefahr bringt. Er soll zudem Erfahrung in der Ansteuerung von Häfen, von Anlegemanövern und der praktischen Navigation besitzen.

Erteilung von Schifferpatenten

Das Bodensee-Schifferpatent wird erlangt durch Ablegung einer schriftlichen theoretischen Prüfung und einer praktischen Prüfung vor einer Prüfungskommission des zuständigen Landratsamtes. Die Erlangung eines kombinierten Patentes A und D ist möglich.

Für Inhaber anderer Befähigungsnachweise gelten Erleichterungen:

A-Schein des DSV oder VDS: Die Prüfung entfällt für Segeltheorie und Segelpraxis.

Amtlicher Sportbootführerschein: Die praktische Prüfung Motor entfällt.

Für die Prüfung am deutschen Bodenseeufer sind die Schiffahrtsämter bei folgenden Landratsämtern zuständig:

Deutschland:

Landratsamt Konstanz - Schiffahrtsamt - D-7750 Konstanz, Reichenaustraße 37, Tel. (0 75 31) 28 61.

Landratsamt Lindau (B), Schiffahrtsangelegenheiten, D-8990 Lindau (B), Stiftsplatz 4, Tel. (0 83 82) 7 02 69.

Landratsamt Bodenseekreis in Friedrichshafen, Verkehrs- u. Schiffahrtsamt, D-7990 Friedrichshafen, Glärnischstraße 1-3, Tel. (0 75 41) 20 41.

Österreich:

Bezirkshauptmannschaft Bregenz, A-6901 Bregenz, Seestraße 1, Tel. (0 55 74) 2 45 11.

Schweiz:

Kanton Schaffhausen: Kantonale Fahrzeugkontrolle, Abt. Schiffahrt, CH-8200 Schaffhausen, Tel. (0 53) 8 01 11.

Kanton St. Gallen: Kantonale Schiffahrts- und Hafenverwaltung, CH-9400 Rorschach, Tel. (0 71) 41 14 74.

Kanton Thurgau: Kantonale Schiffahrtskontrolle, CH-8500 Frauenfeld, Tel. (0 54) 7 91 11.

Das Schifferpatent ist in dem Uferstaat zu beantragen, in welchem der Bewerber seinen ersten Wohnsitz hat. Ist das Land des ersten Wohnsitzes kein Uferstaat des Bodensees, so kann er beliebig wählen.

Das Schifferpatent gewährt dem Schiffsführer absolute Kommandogewalt an Bord und verpflichtet ihn nicht nur zur Einhaltung der BodenseeSchO, sondern darüber hinaus, sein Fahrzeug so umsichtig zu führen, daß weder den Insassen noch dem Fahrzeug vermeidbarer Schaden zugefügt wird. Er darf zur Abwendung einer drohenden Gefahr auch von den Vorschriften der BodenseeSchO abweichen.

Schifferpatente mit Auflagen

Es ist seitens der Schiffahrtsbehörden möglich, das Patent mit Auflagen oder Einschränkungen zu versehen wie z. B. „gilt nur für den Obersee", oder körperliche Eigenschaften des Inhabers, wie Brillenträger oder Nachtfahrverbot.

Entzug von Schifferpatenten

Das Bodensee-Schifferpatent kann entzogen werden, wenn der Patentinhaber ein Schiff unter Einfluß der Wirkung geistiger Getränke geführt oder erheblich gegen die ihm als Schiffsführer obliegenden Pflichten verstoßen hat, oder wenn körperliche Gebrechen eintreten, die eine sichere Schiffsführung in Frage stellen.

Verlust der Gültigkeit von Schifferpatenten

Ein Schifferpatent verliert seine Gültigkeit, wenn der Inhaber durch Gebrechen gleich welcher Art nicht mehr die Gewähr für eine ordnungsgemäße Schiffsführung bietet und es erlischt ein Jahr nach Verlegung des ersten Wohnsitzes seines Inhabers in einen anderen Uferstaat, z. B. wenn der Betroffene von Deutschland nach Österreich verzieht.

Kennzeichnungs- und Zulassungspflicht

Kennzeichnungspflicht

Alle Fahrzeuge, die eine „Länge über Alles" von 2,5 m besitzen, unterliegen der Anmelde- und Kennzeichnungspflicht. Kleinfahrzeuge bis 2,5 m Länge sind hiervon aber nur befreit, wenn sie nur durch Ruder oder Segel bewegt werden.
Die Kennzeichnung hat beiderseits des Schiffes mit mindestens 8 cm großen Buchstaben bzw. Zahlen, die sich gut vom Untergrund abheben, zu erfolgen.
Die Anmeldung ist bei der zuständigen Schiffahrtsbehörde vorzunehmen, die eine Bootsausweiskarte für das betreffende Fahrzeug ausstellt.

Zulassungspflicht und Untersuchungspflicht

Fahrzeuge mit Maschinenantrieb und solche, die über sanitäre, Wohn- oder Kocheinrichtungen verfügen, bedürfen neben der Kennzeichnungspflicht noch der Zulassung. Diese Fahrzeuge sind nach Anmeldung einem Sachverständigen vorzuführen. Für diese Fahrzeuge wird eine Zulassungsurkunde ausgestellt. Sie dürfen nicht in der Lage sein, irgendwelche Abwässer in den See gelangen zu lassen. Auch dürfen Kraftstoffbehälter mit der Bordwand keine Einheit bilden.
Alle zulassungspflichtigen Fahrzeuge unterliegen einer Nachuntersuchungspflicht. Diese hat bei wesentlichen Änderungen sofort, sonst im Abstand von drei Jahren zu erfolgen.
Motoren mit Gemischschmierung (Zweitakter) sind nur bis 10 DIN PS zulässig. Der Kraftstoff darf nicht mehr als 2 % Öl enthalten. (Mischungsverhältnis 1:50).
Für alle maschinengetriebenen Fahrzeuge gilt grundsätzlich, daß sie in 25 m Abstand nur ein Motorengeräusch von maximal 72 dB entwickeln dürfen.

Auflagen für den Schiffsführer

Jeder Schiffsführer ist verpflichtet, sein Fahrzeug mit der für die Sicherheit erforderlichen Umsicht zu führen, insbesondere für die

notwendige Ausrüstung des Fahrzeuges und auch für geeignete Mannschaft Sorge zu tragen.
Grundsätzlich befindet sich jedes Schiff, das weder vor Anker liegt, noch am Ufer festgemacht ist, „in Fahrt", d. h. daß der Schiffsführer sich mit dem Fahrzeug so zu verhalten hat, als ob das Fahrzeug „Fahrt durchs Wasser" macht. Die in der Seemannschaft übliche Unterscheidung „in Fahrt, ohne Fahrt durchs Wasser" und „in Fahrt, mit Fahrt durchs Wasser" kennt die BodenseeSchO nicht.
Jeder Schiffsführer hat seine Geschwindigkeit und den Abstand von Schiffahrtshindernissen so zu wählen, daß er Uferbauwerke, schutzbedürftige Anlagen und andere Fahrzeuge nicht beschädigt bzw. über Gebühr belästigt, wobei allgemein ein Abstand von 50 m als angemessener Sicherheitsabstand gilt.
Wird ein „Vergnügungsfahrzeug" zum Schleppen von Wasserskiläufern benutzt, so muß eine zweite geeignete Person an Bord sein. Es dürfen maximal zwei Personen gleichzeitig geschleppt werden.

Schiffsausrüstung

Der Schiffsführer ist verpflichtet, außer seinen Papieren, Personalausweis, Prüfungsurkunde und Schifferpatent, die für sein Boot erforderliche Ausrüstung, insbesondere die vorgeschriebenen Rettungsmittel, mitzuführen und sich vor Antritt der Fahrt von deren Vollzähligkeit und Brauchbarkeit zu überzeugen.

Zur Sicherheitsausrüstung zählt insbesondere:
Schwimmwesten für die an Bord befindliche Personenzahl,
Notflagge, sowie Notraketen oder Rotfeuer,
Signalhorn und Lampe,
Ösfaß und oder Lenzpumpe,
Anker mit Trosse, lang genug für 3 bis 5 mal Wassertiefe,
Feuerlöscher,
Verbandskasten,
Werkzeug und Schlepptrosse.

Feuerlöscher

Fahrzeuge mit Maschinenantrieb über 6 DIN-PS oder Heiz- und Kocheinrichtungen müssen mindestens einen Feuerlöscher an Bord haben. Der Feuerlöscher ist so anzubringen, daß er gut sichtbar und jederzeit griffbereit ist.
Feuerlöscher auf Schiffen sollten stets die Brandklasse A B C E umfassen und müssen in einem Zeitraum von zwei Jahren auf ihre

Funktionstüchtigkeit hin vom Hersteller oder einer von ihm beauftragten Werkstatt überprüft werden.

Gewässer- und Umweltschutz

Dem Schiffsführer ist zur Auflage gemacht, alles zu unternehmen, um eine Verschmutzung des Sees zu verhindern. Hierzu gehört auch, daß er dafür verantwortlich ist, daß durch sein Fahrzeug und seine Insassen keinerlei Abfälle oder Abwässer in den See verbracht werden. Abwässer aus Spüle oder WC sind in Sammelbehältern aufzufangen und an Land in die Kanalisation zu entleeren.
Beim Tanken ist besondere Vorsicht auch in dieser Hinsicht geboten und insbesondere darauf zu achten, daß kein Treibstoff überläuft. Die Wände der Kraftstoffbehälter dürfen nicht gleichzeitig Außenhaut des Schiffes sein.

Grenzübertritt

Beabsichtigt der Schiffsführer mit seinem Fahrzeug einen anderen Uferstaat anzulaufen, so hat er die Zoll- und Paßvorschriften zu beachten.
Besitzt er keine Ausnahmegenehmigung der deutschen Behörden, so hat er vor Antritt der Reise beim deutschen Zoll „auszuklarieren", d. h. sich und seine Besatzung unter Vorlage der Pässe bzw. der Personalausweise abzumelden, bzw. bei seiner Rückkehr aus dem Ausland wieder einen Zollandeplatz anzulaufen, um sich wieder anzumelden, „einzuklarieren".
Für deutsche Staatsangehörige erteilen die Grenzbehörden (Zoll) auf Antrag kostenlos eine Erlaubnis für Wassersportler zum Verlassen und Wiederbetreten des Bundesgebietes außerhalb von Grenzübergangsstellen. Sie wird für das Schiff und seinen Schiffsführer ausgestellt und gilt, auf besonderen Antrag, auch für die Gäste des Schiffsführers. Die Sondergenehmigungen, die die Zollämter ausstellen, gelten längstens zwei Jahre, sonst für die Laufzeit des vorgelegten Personalausweises oder Passes.
Die Sondergenehmigung hat für das ausländische Ufer keine befreiende Wirkung. Dort sind die entsprechenden Vorschriften zu beachten, d. h. der Schiffsführer hat sich unverzüglich beim Zoll zu melden. Die Finanzlandesdirektion in Feldkirch erteilt auf Antrag eine Erlaubnis zum erleichterten Grenzübertritt nach Österreich.
Selbstverständlich befreit die Sondergenehmigung nicht von der Meldung der Einfuhr zollpflichtiger Waren. Wird zollpflichtige

Ware mitgeführt, oder befinden sich visapflichtige Ausländer an Bord, so hat der Schiffsführer immer einen Zollandeplatz anzulaufen.

Hilfeleistung und Havarie

Jeder Schiffsführer ist verpflichtet, einem anderen, in Not geratenen Fahrzeug selbst, oder, wenn dies nicht zumutbar ist, durch Benachrichtigung an geeigneter Stelle, Hilfe zu leisten bzw. zukommen zu lassen. Die eigene Hilfe entfällt insbesondere, wenn das eigene Fahrzeug und seine Besatzung durch die Hilfeleistung selbst in Not geraten würden.
Erleidet das Fahrzeug eine Havarie mit einem anderen Fahrzeug, so darf sich der Schiffsführer erst dann vom Unfallort entfernen, wenn sichergestellt ist, daß beide Fahrzeuge mit Sicherheit das nächste Ufer bzw. den nächsten Hafen erreichen und insbesondere keine Gefahr mehr für Menschenleben besteht.
Mit dem Havaristen sind, wenn möglich, Namen, Ort und Zeit der Havarie sowie Angaben über Sicht und Seegang schriftlich festzuhalten. Nach der Heimkehr ist eine unverzügliche Meldung bei der Wasserschutzpolizei vorzunehmen.
Ist ein Schiff gesunken und liegt so flach, daß es eine Behinderung für den Schiffsverkehr darstellt, so ist die Unfallstelle unbedingt zu kennzeichnen und die Wasserschutzpolizei sofort zu benachrichtigen.
Muß einer der Havaristen eingeschleppt werden, so ist die Schlepptrosse ausreichend lang zu stecken. Sie soll möglichst weit vorn am Schiff an einer festen Klampe, bei Segelbooten am besten am Mast, belegt werden.
An Bord des Schleppers ist insbesondere darauf zu achten, daß die Schlepptrosse langsam dichtgenommen wird und daß sie nicht in die Schraube gerät. (Lose dichthalten bis die Trosse steif kommt!)
Ist ein Geretteter an Bord genommen, so ist er unverzüglich warm einzupacken, um Unterkühlung zu vermeiden. Notfalls sofort Land anlaufen und Arzt oder Krankenwagen zur weiteren Versorgung anfordern.

Ankern

Für das Vor-Anker-liegen ist im Gesetz festgelegt, wo nicht geankert werden darf.
Grundsätzlich ist am Bodensee wegen der großen Wassertiefe ein Ankern nur im Bereich der Wysse möglich. Da die Wysse aber auch

im Bereich der Schiffahrt liegen kann, sagt die BodenseeSchO aus, daß das Ankern nur dort erlaubt ist, wo weder die Schiffahrt behindert, noch die Fischerei gestört wird.

Als Anker ist eine Type zu wählen, die dem Ankergrund entspricht und dessen Gewicht einen sicheren Halt auch bei schwerem Wetter gewährleistet. Die Ankertrosse oder Kette muß 3 bis 5 mal Wassertiefe gesteckt werden.

Fischerei

Besondere Rücksichtnahme ist Fischern gegenüber zu nehmen, deren Fanggeräte mit niedriger Geschwindigkeit weiträumig, d. h. mit einem Mindestabstand von ca. 50 m, zu umfahren sind.

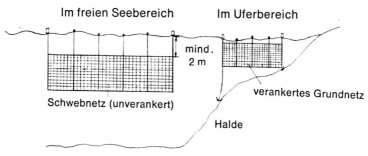

Abb. 10

Die Fischerei auf dem Bodensee wird mit Grundnetzen, die sich auf der Wysse bis zur Halde befinden, und mit Schwebnetzen, die bis zu 1000 m lang an Schwimmkörpern in den tiefen Seegebieten treiben, durchgeführt. Den Grundnetzen ist prinzipiell auszuweichen, da sie bis kurz unter die Oberfläche reichen, während bei Schwebnetzen durchaus die Möglichkeit besteht, das Netz zwischen zwei Schwimmern zu überqueren.

Eine andere Art der Fischerei ist die des Schleppangelns. Diese Fangart wird vorwiegend von Sportfischern ausgeübt, deren Fanggeräte teilweise bis zu 40 m seitlich des Bootes und bis zu 100 m hinter diesem eine Gefahr für vorbeifahrende Fahrzeuge darstellen; sie sind daher weiträumig zu umfahren, wobei es zweckmäßig ist, ohne Wellenschlag etwa 100 m vor dem Bug vorbeizufahren. (Abb. 10 u. 11)

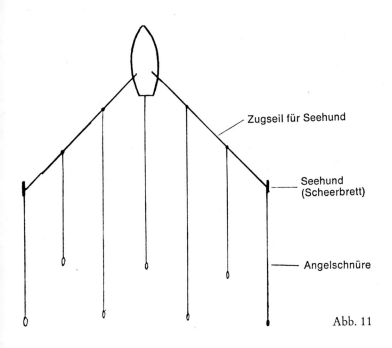

Abb. 11

Einschränkungen für die Schiffahrt

Erlaubte Höchstgeschwindigkeiten

Für alle maschinengetriebenen Fahrzeuge sind Höchstgeschwindigkeiten festgelegt, und zwar:

Für die freien Seeräume Obersee, Überlinger-, Zeller-, Markelfinger- und Gnadensee	40 km/h
Für den Alten Rhein sowie die Seerheinstrecken	10 km/h
Für den Hochrhein von Stein am Rhein bis Schaffhausen	30 km/h

Fahrten in der Uferzone

Das Fahren in der Uferzone, parallel zum Ufer in einem Abstand von weniger als 300 m ist grundsätzlich unter Maschine verboten. Muß die Uferzone durchfahren werden, so hat dies auf dem kürzesten Weg mit einer Höchstgeschwindigkeit von 10 km/h zu erfolgen.
Dies gilt auch für die Einfahrt in Häfen!
An Badeplätzen ist jeder Schiffsverkehr verboten. Hierzu gehören auch nichtgekennzeichnete Badeplätze.

Fahrten im Nebel oder bei unsichtigem Wetter
Bei Nebel oder unsichtigem Wetter sind Lichter zu führen und Schallsignale zu geben. Fahrzeuge, die hierzu nicht in der Lage sind, dürfen bei Nebel nicht auslaufen. Sollten sie sich bereits auf dem See befinden, so haben sie ihn auf dem schnellsten Weg zu verlassen.
Der Schiffsführer hat seine Fahrgeschwindigkeit den Sichtverhältnissen unbedingt anzupassen, d. h. die Fahrt zu vermindern.
Für die Rheinstrecke gilt, daß Fahrzeuge anhalten und die Fahrrinne verlassen müssen, wenn die Sicht eine sichere Fahrt, d. h. die Erkennung beider Ufer, nicht mehr zuläßt. Die Verantwortung hat der Schiffsführer.

Verbote

Verbote sind, bis auf die Sperrung einer Schiffahrtsstraße, durch weiße Schilder gekennzeichnet. Sie besitzen einen roten Rand und ein Symbol in schwarz, welches rot durchstrichen ist.
Verbotsstrecken werden normalerweise durch ein entsprechendes Hinweisschild aufgehoben.

Verbot der Durchfahrt oder
gesperrte Wasserfläche für Fahrzeuge aller
Art

Bei Nacht zwei Lichtzeichen

Verbot für Fahrzeuge mit Maschinenantrieb

Überholverbot

Begegnungs- und Überholverbot

Wendeverbot

Schutzbedürftige Anlage oder Ufer:
Verbot Wellenschlag oder Sog zu erzeugen

Verbot Wasserski zu fahren

Ankerverbot

Festmacheverbot

Liegeverbot

Verbot, außerhalb der angezeigten
Begrenzung zu fahren.
(Rote Seite gesperrt)

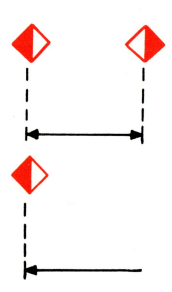

Gebote

Gebote stellen Anordnungen für die Schiffahrt dar. Sie sind gekennzeichnet durch ein weißes Schild mit rotem Rand und besitzen ein schwarzes Symbol.

Die in der *Zahl* angegebene *Geschwindigkeit* gilt in *km/h* und darf nicht überschritten werden.

Gebot besondere Vorsicht walten zu lassen.

Gebot unter bestimmten Umständen anzuhalten.

Schallsignal geben!

Gebot in die durch den Pfeil angezeigte Richtung zu fahren.

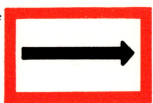

Das Fahrwasser ist eingeengt. Die Zahl gibt den Abstand in Metern an, in dem sich Fahrzeuge vom Ufer entfernt halten sollen.

Beschränkte Durchfahrtshöhe

Beschränkte Durchfahrtsbreite

Hinweiszeichen
Aufhebung einer Verbotsstrecke
oder Verkehrsbeschränkung.

Erlaubnis zum Ankern

Erlaubnis zum Stilliegen

Erlaubnis zum Wasserskifahren

Alle Verbots-, Gebots- und Hinweisschilder können mit zusätzlichen Symbolen versehen sein.

Zum Beispiel: Gebot, eine Geschwindigkeit
von 12 km/h nach 1000 m nicht zu
überschreiten.

Pfeile, die angeben, in welcher Richtung der Strecke das Hauptzeichen gilt.

Erlaubnis
zum Stilliegen

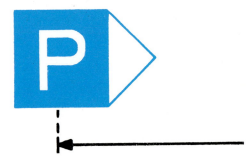

Schilder, welche ergänzende Erklärungen oder Hinweise geben.
Die Schilder werden unter den Hauptzeichen angebracht.

Anhalten zwecks Zollabfertigung

Ausweisung besonderer Wasserflächen
Werden Wasserflächen gesperrt, z. B. an Naturschutzgebieten, oder
wo die Schiffahrt besonders gefährlich ist, so sind diese durch Hinweisschilder gekennzeichnet und die entsprechenden Wasserflächen
durch gelbe Bojen eingegrenzt. (Abb. 12a)

Umgekehrt ist es aber auch möglich, durch Abgrenzung und Kennzeichnung mit Symbolen Wasserflächen für bestimmte Zwecke, z. B. Wasserski mit Start von Land aus, auszuweisen. (Abb. 12b)

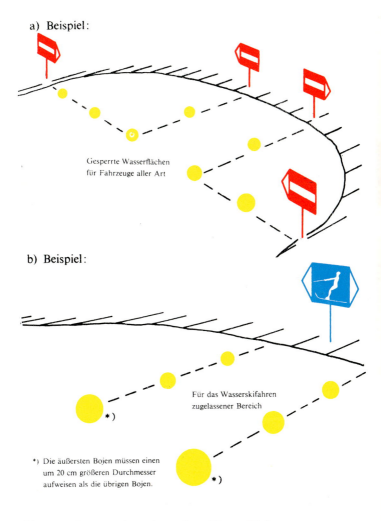

Abb. 12a u. b Ausweisung besonderer Wasserflächen

**Prüfungsaufgaben und Antworten zu
Teil II   Rechts- und Verwaltungsvorschriften, Begriffe**

16
Durch welche internationale Bestimmung wird die Schiffahrt auf dem Bodensee geregelt?

BodenseeSchO von 1976.

17
Wie verlaufen die Hoheitsgrenzen auf dem Bodensee?

Im Obersee nicht geregelt mit Ausnahme des Konstanzer Trichters. Dort Realteilung. Im Untersee Seerheinmitte.

18
Welches sind die Aufgaben der Schiffahrtsbehörden?

Verwaltende Tätigkeit, einschließlich der Erteilung von Schifferpatenten und der Zulassung von Wasserfahrzeugen.

19
Welches sind die Aufgaben der Wasserschutzpolizei?

Vollzugsaufgaben, Beaufsichtigung des Schiffsverkehrs, Rettungs- und Sturmwarndienst, Unfallaufnahmen.

20
Für welche Vergnügungsfahrzeuge ist ein Schifferpatent vorgeschrieben?

Für alle maschinengetriebenen Fahrzeuge mit einer Antriebsleistung über 6 DIN PS. Für alle Segelfahrzeuge über 12 qm Segelfläche.

21
Welche Voraussetzungen müssen Sie erfüllen, um das Schifferpatent der Kategorie A oder D zu erwerben?

Ablegung einer theoretischen und praktischen Prüfung. Einwandfreies Führungszeugnis. Gutes Hör- und Sehvermögen. Kategorie A Mindestalter 18 Jahre. Kategorie D Mindestalter 16 Jahre.

22
Nennen Sie die deutschen Behörden, die für die Erteilung von Bodensee-Schifferpatenten und die Zulassung von Booten zuständig sind!

Schiffahrtsbehörden bei den Landratsämtern in Lindau, Friedrichshafen und Konstanz.

23
Für welche Fahrzeuge gilt das Bodensee-Schifferpatent der Kategorie A?

Alle maschinengetriebenen Vergnügungsfahrzeuge.

24
Gilt das Bodensee-Schifferpatent der Kategorie D auch für Segelboote mit Maschinenleistung über 6 PS?

Nein, Kategorie A erforderlich.

25
Können Sie, wenn die Umstände es erfordern, auch von der Bodensee-Schiffahrtsordnung abweichen?

Ja, bei drohender Gefahr, oder zur Hilfeleistung

26
Welche Stellung hat der Schiffsführer an Bord nach Rechten und Pflichten?

Sein Schiff umsichtig gem. BodenseeSchO zu führen. Er besitzt absolute Kommandogewalt.

27
Nennen Sie die Urkunden, die Sie als Schiffsführer auf der Fahrt mitführen müssen!

Schifferpatent, Bootsausweiskarte bzw. Zulassungsurkunde, Personalausweis.

28
Was haben Sie als Schiffsführer vor Fahrtantritt zu prüfen?

Papiere, Rettungsmittel, Schiffstauglichkeit, vollzählige Ausrüstung.

29
Aus welchen Gründen kann ein Schifferpatent mit Auflagen versehen oder wieder ganz entzogen werden?

Bei wiederholten, schwerwiegenden Verstößen gegen die BodenseeSchO, Trunkenheit, körperliche Gebrechen, Auflagen z. B. Nachtfahrverbot.

30
Unter welchen Voraussetzungen verliert ein Schifferpatent seine Gültigkeit?

Bei Verlegung des ersten Wohnsitzes in einen anderen Uferstaat nach einem Jahr.

31
Wie groß ist die Mindestbesatzung, wenn ein Boot Wasserskifahrer schleppt?

Zwei Personen, ein Bootsführer und ein Beobachter.

32
Nennen Sie die hauptsächlichsten Rettungsmittel, sowie die Grundausrüstung, die bei Antritt einer Fahrt immer an Bord sein muß!

Schwimmwesten für alle Personen, Notflagge, Verbandszeug, Signalhupe, Ösfaß, Taschenlampe, Ankergeschirr, Schlepptrosse, Werkzeug, Bootshaken. Bei Kleinfahrzeugen Paddel.

33
Welche Verwaltungs- und Zollvorschriften haben Sie bei einer Fahrt ins Ausland zu beachten?

Aus- und Einklarieren bei allen Fahrten ins Ausland.

34
Gibt es für den grenzüberschreitenden Verkehr mit Sportbooten zoll- und grenzpolizeiliche Erleichterungen, und welche?

Erlaubnis für Wassersportler zum Betreten und Verlassen des Bundesgebietes außerhalb von Grenzübergangsstellen.

35
Was ist bei Havarien zu beachten?

Personen retten und nötigenfalls ärztlicher Versorgung zuführen. Wenn möglich Sachen bergen, Wasserschutzpolizei benachrichtigen.

36
Wann können Sie nach einer Kollision Ihre Fahrt fortsetzen.

Wenn für das andere Fahrzeug und dessen Besatzung keine Gefahr mehr besteht.

37
Welche Sofortmaßnahmen sind bei der Aufnahme eines Geretteten durchzuführen?

Warmhalten, falls erforderlich erste Hilfe leisten, ärztl. Versorgung zuführen.

38
Wie müssen Sie sich nach einer Kollision verhalten?

Kollisionsort erst verlassen, wenn sichergestellt ist, daß keine Menschenleben mehr in Gefahr. Kollisionsgegner feststellen und Meldung bei der Wasserschutzpolizei.

39
Welche Maßnahmen treffen Sie als Schiffsführer, wenn Ihr Schiff auf Grund gekommen oder gesunken ist und ein Schifffahrtshindernis darstellt?

Schiff kennzeichnen, Wasserschutzpolizei benachrichtigen.

40
Wo bringen Sie bei einem geschleppten Fahrzeug am besten die Schlepptrosse an?

Kräftiger Poller oder Klampe möglichst weit vorn, sonst bei Segelbooten am Mast.

41
Worauf ist beim Übergeben der Schlepptrosse besonders zu achten?

Daß sie nicht in die Schraube des Schleppers gerät.

42
Worauf müssen Sie beim Ankern außerhalb von Häfen achten?

Weder Schiffahrt noch Fischerei dürfen behindert werden. Nachts Ankerlicht setzen; nicht länger als 24 Stunden.

43
Sie wollen bei 4 m Wassertiefe ankern. Wie lang ist die Ankertrosse zu stecken?

12—20 m.

44
Nennen Sie die Netzarten, die von den Berufsfischern verwendet werden?

Grundnetze im flachen, Schwebnetze im tiefen Wasser.

45
Wie hoch sind die Geschwindigkeiten, die Wasserfahrzeuge auf dem Bodensee nicht überschreiten dürfen?

Freier Seebereich 40 km/h, Seerhein und alter Rhein, sowie Fahrten vom und zum Ufer durch die 300 m-Zone 10 km/h. Hochrhein 30 km/h.

46
Welche Entfernung ist einzuhalten, wenn Sie mit einem maschinengetriebenen Fahrzeug parallel zum Ufer fahren?

300 m.

47
Welche Einschränkungen bestehen für die Schiffahrt im Uferbereich?

Maschinenangetriebene Fahrzeuge, Abstand 300 m vom Ufer oder vorgelagertem Schilfgürtel.
An- und Ablegen auf dem kürzesten Weg, bis 10 km/h Geschwindigkeit, Bestände von Schilf, Binsen und Seerosen dürfen nicht befahren werden.

48
Mit welcher Geschwindigkeit dürfen Sie mit einem maschinengetriebenen Fahrzeug vom Ufer oder Hafen aus in den freien Seeraum einfahren?

Auf dem kürzesten Weg, Höchstgeschwindigkeit 10 km/h.

49
Was ist bei Fahrten im Nebel besonders zu beachten und welche Maßnahmen sind zu treffen?

Fahrt vermindern, Lichter setzen, Nebelsignal geben, Ausguck stellen.

50
Wie müssen Kennzeichen angebracht sein und welche Behörde erteilt sie?

Beiderseits des Fahrzeuges, gut sichtbar. Buchstabengröße mindestens 8 cm.
Landratsämter - Schiffahrtsbehörden -

51
Für welche Fahrzeuge gibt es lt. BodenseeSchO eine Zulassungspflicht (Untersuchungspflicht)?

Alle maschinengetriebenen Fahrzeuge und solche, die bewohnbar oder mit sanitären Einrichtungen versehen sind.

52
In welchen Zeitabständen müssen zulassungspflichtige Fahrzeuge zur erneuten Untersuchung vorgeführt werden?

Nach drei Jahren oder wesentlichen Änderungen.

53
Werden hinsichtlich des Gewässerschutzes besondere Anforderungen an Kraftstoffbehälter gestellt?

Bordwand darf nicht gleichzeitig Tankwand sein.

54
Was ist bei der Übernahme von Treibstoff zu beachten?

Kein Treibstoff ins Wasser; Rauchverbot, Lüften.

55
Wie muß Ihr Boot hinsichtlich des Gewässerschutzes beschaffen sein?

Das Gewässer darf nicht nachteilig verändert werden. Keine Abwasserleitung nach Außen, Tankwand darf nicht gleichzeitig Außenwand sein.

56
Wie kann der Sportbootfahrer zur Reinhaltung des Bodensees beitragen?

Vorsichtiger Umgang mit Brennstoffen und Ölen. Keine ölhaltigen Bilgenwasser lenzen, keine Abfälle oder Abwässer in den See.

57
Bestehen Beschränkungen für Motoren mit Gemischschmierung (Zweitaktern) hinsichtlich ihrer Verwendung auf dem Bodensee? Wenn ja, welche?

Leistung max. 10 DIN PS, Gemisch mit weniger Öl als 1:50.

58
Welche höchste Lautstärke in dB ist für Maschinenantriebe auf dem Bodensee zulässig?

72 dB in 25 m Abstand.

59
Welche Brandklassen sollen Feuerlöscher für Wasserfahrzeuge besitzen?

A, B, C, E.

60
Wo und wie sollen Feuerlöscher auf Sportbooten angebracht sein?

Gut sichtbar, griffbereit, an möglichst feuersicherem Ort.

III Wegerecht

Das Wegerecht gemäß BodenseeSchO wird wie folgt aufgegliedert:
Vorrangfahrzeuge
Fischereifahrzeuge beim Fang
Segelfahrzeuge
Maschinengetriebene Fahrzeuge
Sonstige Fahrzeuge

Vorrangschiffe

Vorrangschiffe sind am Tage gekennzeichnet durch die Flagge grün über weiß mit einer Seitenlänge von mindestens 60 cm, bei Nacht durch ein grünes Rundumlicht, mindestens 1 m höher als das Toplicht.
Diese Fahrzeuge haben Vorrang vor allen anderen Fahrzeugen.

Fischereifahrzeuge beim Fang

Fischereifahrzeuge beim Fang, die mit einem weißen Ball versehen sind, müssen weiträumig (50 m) unter Vermeidung von Wellenschlag umfahren werden. Sie haben Vorrang vor allen anderen Fahrzeugen. Ausnahme Vorrangfahrzeuge und Schleppverbände.

Wegerecht für alle Fahrzeuge

Segelfahrzeuge ohne Maschinenantrieb haben Wegerecht vor allen anderen Fahrzeugen, sofern sie nicht Vorrangfahrzeuge sind.

Segelfahrzeuge, deren Maschine läuft, sind, auch wenn Segel gesetzt sind, maschinengetriebene Fahrzeuge.

Maschinengetriebene Fahrzeuge, sofern sie nicht Vorrangfahrzeuge sind, haben allen anderen Fahrzeugen auszuweichen.

Das überholende Fahrzeug muß dem überholten ausweichen.

Überholer ist, wer aus dem Leuchtwinkel der Hecklaterne des vor ihm fahrenden Fahrzeuges kommt (135°).

Überholen ist nur an gut übersichtlichen Stellen gestattet. Der Überholende muß darauf achten, daß keine Gefährdung oder Behinderung anderer Fahrzeuge eintreten kann. Der Vorausfahrende muß das Überholen erleichtern soweit das möglich ist.

An Engstellen, Brücken usw. ist Überholen grundsätzlich verboten.

Bei Begegnungen ist nach rechts auszuweichen.

Kreuzt sich der Kurs zweier gleichrangiger Fahrzeuge, so hat das von Steuerbord (rechts) kommende Wegerecht.

Bei Begegnungen an Engstellen hat der Talfahrer Wegerecht.

Wegerecht für Segelboote untereinander

Kreuzt sich der Kurs zweier Segelboote, so hat dasjenige Boot Wegerecht, welches den Wind von Steuerbord hat (Backbordbug).
Kreuzt sich der Kurs zweier Segelboote, welche den Wind von der gleichen Seite haben, so muß das luvseitige Boot ausweichen.
Segelboote, die ein anderes Fahrzeug überholen, haben diesem auszuweichen, auch wenn das andere Fahrzeug unter Maschine läuft.
(Siehe hierzu auch Ausführungen unter Abschnitt IX. Segeln.)

Hafeneinfahrten

Für Hafeneinfahrten gilt grundsätzlich, daß das auslaufende Schiff Wegerecht vor einem gleichrangigen einlaufenden Schiff hat.
Ausnahme sind nur Vorrangfahrzeuge und Schleppverbände, die gegenüber allen sonstigen Fahrzeugen absolutes Wegerecht besitzen.
Befinden sich Vergnügungsfahrzeuge in Not oder in schwerer Bedrängnis, so können sie absolutes Wegerecht verlangen und müssen dazu das Hafeneinfahrtssignal der Vorrangschiffe, also 3 mal lang (siehe unter Schallsignale) geben.

Fahrzeuge in Not

Gerät ein Fahrzeug in Not, so darf der Schiffsführer von den Wegerechtsvorschriften und Einschränkungen für die Schiffahrt, die in der BodenseeSchO verankert sind, abweichen, wenn dies für eine sichere Schiffsführung erforderlich ist.

Polizeifahrzeuge

Fahrzeugen, die blaues Blinklicht zeigen, muß ausgewichen werden. Erforderlichenfalls anhalten.

Seerhein- und Hochrheinstrecke

Für die Rheinstrecken gelten besondere Vorschriften. Es handelt sich um folgende Geltungsbereiche:

a) Den Alten Rhein, der bis zur Straßenbrücke Rheineck–Gaissau befahrbar ist;
b) die Strecke vom Frauenpfahl (Konstanzer Bucht) bis zum Fahrwasserzeichen 31 oberhalb von Ermatingen Staad - Seerhein -;
c) die Strecke von der Landestelle Öhningen - Oberstaad - bis nach Schaffhausen, diese Strecke wird „Hochrhein" bezeichnet.

Für diese Strecke ist eine zusätzliche schriftliche Prüfung und eine besondere praktische Prüfung auf der Hochrheinstrecke erforderlich.

Die zulässige Höchstgeschwindigkeit auf den Strecken unter a) und b) ist auf 10 km/h und auf der Hochrheinstrecke c) auf 30 km/h begrenzt. Ausgenommen Fahrgastschiffe auf dem Seerhein (b).

Auf den Rheinstrecken hat jedes Fahrzeug nach Steuerbord auszuweichen; ist dies nicht möglich, muß ein entsprechendes Schallzeichen gegeben werden.

Begegnen und Überholen ist nur gestattet, wenn das Fahrwasser entsprechend breit ist, und eine gefahrlose Vorbeifahrt gewährleistet ist.

Ist beim Begegnen nicht genügend Raum vorhanden, muß das zu Berg fahrende Fahrzeug unterhalb der Engstelle warten.

In unmittelbarer Nähe von Brücken ist das Begegnen und Überholen verboten.

Fahrzeuge, ausgenommen Ruderboote, die den Rhein überqueren, haben den zu Tal und zu Berg fahrenden Fahrzeugen auszuweichen.

Alle Fahrzeuge, die den Rhein überqueren, müssen zum Bug eines zu Tal fahrenden Fahrgastschiffes 200 m und vom zu Berg fahrenden 100 m Abstand halten.

Das Fahren mit Wasserski oder Wellenbrettern ist verboten.

Wird die Sicht derart vermindert (Nebel, starker Regen), daß Gefahr besteht, müssen alle Fahrzeuge sofort das Ufer aufsuchen und anhalten.

Es ist verboten im Bereich von Brücken, unter Brücken und in Fahrwasserengen festzumachen.

Desweiteren sind auf den Rheinstrecken Bezeichnungen für schwimmende Geräte, Fahrzeuge bei der Arbeit (Bagger usw.) und für festgefahrene oder gesunkene Fahrzeuge vorgeschrieben:

a) Auf der Seite, auf der vorbeigefahren werden kann, wird eine rote über einer weißen Flagge oder eine Flagge obere Hälfte rot, untere Hälfte weiß (siehe Abbildung 13 oben) gezeigt.
b) Auf der Seite oder den Seiten, wo nicht vorbeigefahren werden kann, wird eine rote Flagge gezeigt.
Die Flaggen werden bei Dunkelheit durch Lichter gleicher Farbe ersetzt.
Reichweite der Lichter 1,5 km (siehe Abbildung 13 unten).

Rheinstrecke zwischen Stein und Schaffhausen (Zusatzprüfung)

Dieses Fahrgebiet ist wegen seiner zum Teil starken Strömungen, Untiefen und Engstellen nicht leicht zu befahren. Um den Verkehr, vor allem der Kursschiffe, die stets Wegerecht haben, leichtgängig zu halten und Schiffsunfälle (Havarien) zu vermeiden, ist auch für Sportbootfahrer, die diesen Streckenabschnitt befahren wollen, eine zusätzliche Prüfung erforderlich, die neben dem Nachweis guter Ortskenntnisse auch einen praktischen Teil (Manöver im Strömungsgewässer) umfaßt.

Die Fahrrinne, die mit grün-weißen Rhomben gem. Abb. Seite 16 gut gekennzeichnet ist, sollte nach Möglichkeit nicht verlassen werden, obgleich die Seezeichen nur eine Empfehlung darstellen. In jedem Falle ist es ratsam, vor Beginn der Fahrt den Pegelstand zu kennen und entsprechend zu navigieren.

Die Strecke, die von der Linie Landestelle Öhningen - Haus Löffler oberhalb der Stiegener Enge bis zur Straßenbrücke Schaffhausen-Feuerthalen verläuft, wird allgemein und auch nach der Bodensee-Schiffahrtsordnung als Hochrheinstrecke bezeichnet.

Da größtenteils die Ufer des Hochrheins schweizerisches Hoheitsgebiet sind, muß der Schiffsführer, vom Untersee kommend, zunächst die Zollandestelle in Stein (rechtsrheinisch) anlaufen und Einklarieren; erst dann darf er die Fahrt stromabwärts fortsetzen. Im Streckenabschnitt Stein–Diessenhofen ist das Fahrwasser zum Teil recht eng und stark geschwungen. Es führt zunächst durch die Eisenbahnbrücke Hemishofen und an der Bibermühle (Felsen!) vorbei, bis zur Straßenbrücke Diessenhofen. Von dort ab wird das Fahrwasser wieder etwas breiter, um nach dem rechtsrheinisch gelegenen Ort Büsingen einen etwa 90 Grad starken Knick zu machen. Das Fahrgebiet für die Sportschiffahrt endet dann bei der Eisenbahnbrücke Schaffhausen, die nicht passiert werden darf, da der Bereich zwischen der Eisenbahn- und der Straßenbrücke Schaffhausen ausschließlich der Kursschiffahrt vorbehalten ist.

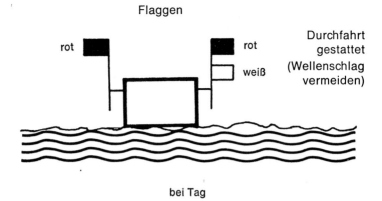

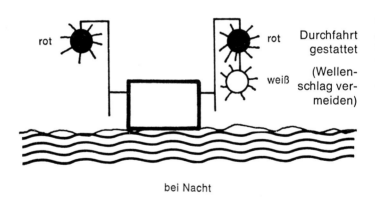

Abb. 13 Kennzeichnung von Schiffahrtshindernissen auf den Rheinstrecken

Prüfungsfragen und Antworten zu
Teil III Wegerecht

61
Welche Ausweichregeln gelten für Segelboote gegenüber anderen Fahrzeugen?

Alle Fahrzeuge außer Vorrangschiffen, Schlepperverbänden und Berufsfischer mit Ball müssen ihnen ausweichen.

62
Nach welcher Seite ist bei der Begegnung zweier gleichrangiger maschinengetriebener Fahrzeuge auszuweichen?

Nach Steuerbord (rechts).

63
Wie ist auszuweichen bei der Kurskreuzung zweier gleichrangiger Fahrzeuge ohne Segel?

Das von Steuerbord (rechts) kommende Fahrzeug hat Wegerecht.

64
Wo besteht Überholverbot?

An Engstellen, unter Brücken und wo das Verbotsschild „Überholen verboten" steht.

65
Wo ist Begegnungsverbot?

Unter Brücken und wo das Verbotsschild „Begegnen verboten" steht.

66
Wie ist die Ausweichregel bei Segelbooten untereinander?

Backbordbug vor Steuerbordbug. Haben beide Boote den Wind von derselben Seite, dann Lee vor Luv.

67
Aus welchen Gründen darf ein Fahrzeug von den Bestimmungen der BodenseeSchO abweichen?

Um eine dringende Gefahr abzuwenden, oder Hilfe zu leisten.

68
Wie hat sich ein Motorboot gegenüber einem Schleppverband zu verhalten?

Das Motorboot muß ausweichen; ausgenommen Vorrangfahrzeuge.

69
Wie haben sich Motorboote beim Wasserskifahren gegenüber Badenden zu verhalten?

Das Boot, sowie der im Schlepptau befindliche Wasserskifahrer, müssen mind. 50 m Abstand einhalten.

70
Welchen Sicherheitsabstand haben Motorboote gegenüber Schleppverbänden einzuhalten?

50 m.

71
Wie haben sich Motorboote beim Wasserskifahren gegenüber anderen Fahrzeugen zu verhalten?

Mindestabstand 50 m; das Schleppseil darf nicht elastisch sein und nicht leer im Wasser nachgezogen werden.

72
Welches Wegerecht gilt für gleichrangige Fahrzeuge in Hafenein- oder -ausfahrten?

Auslaufend vor Einlaufend.

73
Welches Wegerecht gilt unter gleichrangigen Fahrzeugen auf den Rheinstrecken zusätzlich in Bezug auf die Stromrichtung?

Talfahrt vor Bergfahrt.

74
Welchen Abstand müssen Sie beim Kreuzen des Seerheins vor Vorrangschiffen von diesen einhalten?

Vor Vorrangfahrzeugen talfahrend 200 m, bergfahrend 100 m Abstand.

75
Welchen Sicherheitsabstand haben Sportfahrzeuge (Vergnügungsfahrzeuge) gegenüber Fahrzeugen der Berufsfischer einzuhalten?

Den Fischerbooten der Berufsfischer, die einen weißen Ball gesetzt haben, müssen die Motorboote ausweichen. Mindestabstand 50 m.

76
Wir wird ausgewichen?

Beide nach Steuerbord (rechts).

77
Wie ausweichen?

B überholt, freihalten, A muß das Überholen erleichtern. Sonst signalisieren.

78
Wer muß ausweichen? Was hat der Motorbootfahrer zu beachten?

 Ruderboot

A. Ein Motorboot hat allen Fahrzeugen auszuweichen, wenn es nicht Vorrangfahrzeug ist. Mit Unkenntnis des Ruderers rechnen.

79
Wer muß ausweichen?

Motorboot   Segelboot

Motorboot muß ausweichen.

80
Wer darf zuerst einlaufen?   *B, Stb. vor Bb.*

81
Wer hat Wegerecht?   *A, auslaufend vor einlaufend*

82
Wer hat Wegerecht?   *Vorrangfahrzeug*

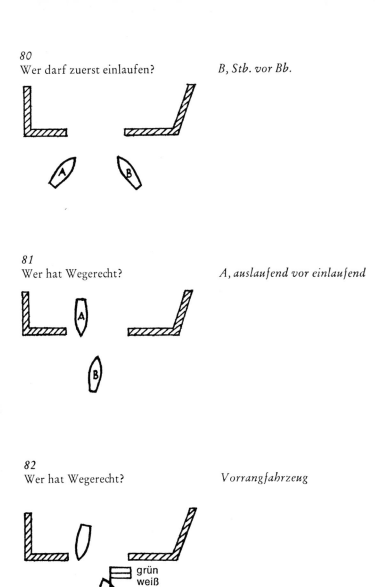

83
Wie hat der Motorbootfahrer sich zu verhalten? Welchen Abstand muß er einhalten?

Kreuzen nur bei Mindestabstand 200 m vom Vorrangfahrzeug.

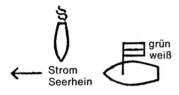

84
Wie hat der Motorbootfahrer sich zu verhalten? Welchen Abstand muß er einhalten?

Kreuzen nur bei Mindestabstand von 100 m.

85
Polizei mit Blinklicht blau. Wie hat sich der Motorbootfahrer zu verhalten?

Das Polizeiboot befindet sich in einem dringenden Einsatz, das Motorboot hat Raum zu geben, notfalls anzuhalten.

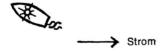

86
Wie haben sich Vergnügungsfahrzeuge gegenüber Vorrangfahrzeugen zu verhalten?

Vorrangfahrzeuge haben Wegerecht.

Fahrgastschiff

87
Wie haben sich Vergnügungsfahrzeuge auf den Rheinstrecken zu verhalten?

Beim Begegnen hat jedes Fahrzeug nach Steuerbord auszuweichen. Bei Abweichung Signal geben. Fehlt der erforderliche Raum, hat der Bergfahrer unterhalb der Engstelle zu warten.

Strom

Fragen und Antworten für die Erweiterungsprüfung „Rheinstrecke zwischen Stein und Schaffhausen"

88
Nennen Sie die Länge der Hochrheinstrecke zwischen Stein/Rh. und Schaffhausen und die vorgeschriebene Geschwindigkeit auf dieser Strecke.

19 km / 30 km/h

89
Nachdem Sie die Straßenbrücke Stein/Rh. passiert haben, was haben Sie zu beachten?

Zollandestelle Stein/Rh. Paß- und Zollkontrolle. – anlaufen –

90
Nennen Sie die deutschen Ortschaften am Hochrhein und an welcher Seite des Rheins liegen sie?

Gailingen, Büsingen. Beide liegen an der rechtsrheinischen Seite.

91
Welche Art von Brücken passieren Sie auf dieser Rheinstrecke?

Straßenbrücke Stein/Rh., Eisenbahnbrücke Hemishofen, Straßenbrücke Diessenhofen/Gailingen, Eisenbahnbrücke Schaffhausen (Ende der Sportschiffahrt), Straßenbrücke Schaffhausen.

92
Welche Öffnung der Hemishofer Brücke benutzen Sie talwärts (Fahrwasserrinne)?

Entsprechend der grün-weiß beschilderten Fahrwasserrinne (dritte von rechts).

93
Die unterhalb der Bibermühle vorhandenen Untiefen (Felsen) befinden sich rechts- oder linksrheinisch im Gewässerbett?

Linksrheinisch.

94
Wie heißen die rechtsrheinischen Schiffslandestellen in Fließrichtung gesehen?

Stein, Büsingen, Schaffhausen.

95
Wie heißt die linksrheinische Schiffslandestelle in Fließrichtung gesehen?

Diessenhofen.

96
Wo endet die Sportschiffahrt in Schaffhausen?

Eisenbahnbrücke Schaffhausen.

97
Befindet sich der „Hang" an der Innen- oder Außenseite einer Flußkrümmung und welche Fahrwasserverhältnisse können Sie erwarten?

Auf der Außenseite einer Krümmung. Man kann ein tieferes Fahrwasser erwarten.

98
Befindet sich der „Grund" an der Innen- oder Außenseite einer Flußkrümmung und welche Fahrwasserverhältnisse können Sie erwarten?

An der Innenseite einer Krümmung. Man muß ein flacheres Fahrwasser erwarten.

99
An welcher Rheinseite mündet die Biber in den Hochrhein?

An der rechten Rheinseite.

100
Durch welche Öffnung führt die Fahrrinne bei der Brücke in Diessenhofen?

Durch die mittlere Öffnung.

101
Befindet sich das Strandbad Gailingen ober- oder unterhalb der Rheinbrücke und auf welcher Rheinseite?

Oberhalb, rechtsrheinisch.

102
Wie verläuft der Rhein bei Büsingen in Fließrichtung?

In einer starken Rechtskrümmung.

IV Signale

Signale dienen der Verständigung von Schiffen untereinander, sowie dazu, Fahrzeuge vor Schiffahrtshindernissen zu warnen.

Wir unterscheiden: Schallsignale,
Optische Zeichen
Notsignale

Schallsignale

Schallsignale dienen nicht nur der Verständigung von Schiffen untereinander, sondern auch, um einen anderen auf sich aufmerksam zu machen oder um Hilfe anzufordern.

Um jeden Irrtum auszuschließen, dürfen sie nur zu diesen Zwecken und in der vorgeschriebenen Art verwendet werden.

Schallsignale bestehen lt. BodenseeSchO aus kurzen oder langen Tönen bzw. aus einer Folge von ihnen.

Ein kurzer Ton, Kurzzeichen ●, 1 sec. Dauer,

ein langer Ton, Kurzzeichen ▬, 4 sec. Dauer.

Die Pause zwischen aufeinanderfolgenden Tönen muß etwa 1 sec. betragen.

Laut BodenseeSchO wird unterschieden zwischen Schallsignalen von Fahrzeugen und solchen von Anlagen aus, wobei unter „Anlagen" Häfen, Landestege u. ä. zu verstehen ist.

Manöversignale

1 x kurz	●	ich gehe nach Steuerbord
2 x kurz	● ●	ich gehe nach Backbord (auch bei Vorbeifahrt Steuerbord an Steuerbord)
3 x kurz	● ● ●	meine Maschine geht zurück
4 x kurz	● ● ● ●	ich bin manövrierunfähig

Nebelsignale

Nebelsignale von Fahrzeugen:

1 x lang jede Minute	▬	alle Fahrzeuge außer Vorrangfahrzeugen
2 x lang jede Minute	▬ ▬	Vorrangfahrzeuge

Nebelsignale von Anlagen:

2 x kurz 3 x pro min. oder anhaltendes Glockenläuten	● ●	Nebelsignal der Häfen, Landestellen oder Nebelwarnanlagen

Sonstige Schallsignale

1 x lang ▬   allgemeines Achtungssignal
auch um einen anderen auf seine Ausweispflicht aufmerksam zu machen
Hafenausfahrtsignal
Brückendurchfahrtsignal
ich behalte meinen Kurs bei

3 x lang ▬ ▬ ▬   Hafeneinfahrtsignal der Vorrangfahrzeuge, Schleppzüge und Fahrzeuge in Not

Not-Schallsignal

Ein Fahrzeug in Not gibt eine Folge langer Töne, die ständig zu wiederholen sind.

Tagsignale (optisch)

Als Tagsignale werden Flaggen und Bälle verwendet. Die Flaggen müssen rechteckig sein und eine Mindestseitenlänge von 60 cm aufweisen.
Anstelle von Flaggen können auch Tafeln Verwendung finden.
Signalbälle müssen einen Mindestdurchmesser von 50 cm besitzen. Sie brauchen nicht als Ball ausgebildet zu sein, müssen aber optisch als Ball erscheinen.

Vorrangfahrzeuge

Vorrangfahrzeuge sind durch Flaggen oder Tafeln gekennzeichnet. Fahrgastschiffe, die nach festem Fahrplan verkehren, sind stets Vorrangschiffe. Vorrangschiffe müssen an gut sichtbarer Stelle die Flagge bzw. Tafel grün über weiß führen.

Berufsfischer

Berufsfischer beim Fang, also am Netz arbeitend, können einen weißen Ball an gut sichtbarer Stelle mindestens 1 m über dem Schiffskörper führen. Sie gelten dann als Vorrangfahrzeuge.

Sportfischer

Sportfischer mit Schleppangel werden gekennzeichnet durch eine weiße Flagge. Sie sind weiträumig, unter Vermeidung von Wellenschlag zu umfahren, genießen aber keinen Vorrang.

Schwimmende Anlagen im freien Seeraum und Schiffahrtshindernisse

Schwimmende Anlagen in freien Seegebieten zeigen zwei weiße Flaggen übereinander und darüber hinaus, wenn ihre Ankerseile oder Ketten ein Hindernis für die Schiffahrt darstellen, gelbe Boje über den Ankern. (Abb. 14)

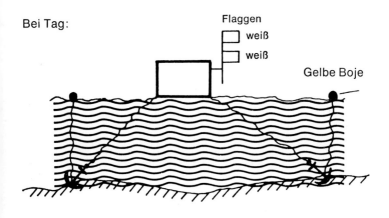

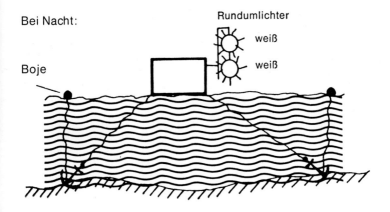

Abb. 14 Kennzeichnung von Schiffahrtshindernissen im freien Seeraum.

Sonderregelung für die Rheinstrecken
Schwimmende Anlagen oder Schiffahrtshindernisse, die sich auf den Seerheinstrecken oder im Alten Rhein befinden, zeigen die Seite, auf der eine Vorbeifahrt möglich ist, durch eine rote über einer weißen Flagge an. Die Seite, die nicht passierbar ist, wird durch eine rote Flagge gekennzeichnet. Die Flaggen werden bei Nacht durch gleichfarbige Laternen ersetzt. (Abb. 13)

Polizeifahrzeuge
Fahrzeuge der Polizei haben eine deutliche Aufschrift „Polizei". Sie sind Vorrangschiffen gleichgestellt. Im Einsatz wird ein blaues Blinklicht geführt.

Notsignale

Außer dem akustischen Notsignal, welches durch eine Folge langer Töne gebildet wird, gibt es noch weitere Signale, die nur in Notfällen angewendet werden dürfen:

kreisförmiges Schwenken einer roten Flagge,

Abbrennen von roter Leuchtmunition (Rotfeuer),

Abbrennen von roten Raketen.

Einem in Not geratenen Fahrzeug haben alle in der Nähe befindlichen Fahrzeuge, soweit zumutbar, unverzüglich Hilfe zu leisten; Kursschiffe auch dann, wenn sie dadurch von ihrem Kurs abweichen müssen.
Sind Fahrzeuge und oder Besatzung zu einer Rettungsleistung nicht geeignet, ist sofort die nächste Polizeidienststelle zu benachrichtigen oder sonst über andere Fahrzeuge eine Hilfsaktion einzuleiten.
Fahrzeuge in Not haben selbstverständlich absolutes Wegerecht und dürfen, genau wie ihre Bergungsfahrzeuge, von den Vorschriften der BodenseeSchO abweichen.

Bei Bergung gilt der Grundsatz: Leben vor Sachen! Zunächst Menschen an Bord nehmen.

**Prüfungsaufgaben und Antworten zu
Teil IV Signale**

103
Wie lang wird das Schallsignal „lang", wie lang das Schallsignal „kurz" gegeben?

4 sec., 1 sec.

104
Ein entgegenkommendes Fahrzeug gibt einen kurzen Ton, welche Absicht hat der Schiffsführer?

Es weicht nach Steuerbord (rechts) aus.

105
Ein entgegenkommendes Schiff will Ihnen nach Backbord ausweichen, welches Schallsignal gibt es?

2 x kurz ● ●

106
Welches Schallsignal bedeutet „meine Maschine geht zurück"?

3 x kurz ● ● ●

107
Welches Schallsignal geben Sie, wenn Sie mit einem Entgegenkommer eine Vorbeifahrt „Steuerbord an Steuerbord" beabsichtigen?

2 x kurz ● ●

108
Im Hafen hören Sie von einem Vorrangfahrzeug das Schallsignal 3 x kurz. Was beabsichtigt das Vorrangfahrzeug und worauf müssen Sie besonders achten?

Die Maschine des signalgebenden Fahrzeuges geht rückwärts. Ich weiche aus.

109
Welche Signalgebung ist bei Notfällen vorgesehen?

1. Folge langer Töne
2. Rote Raketen oder Leuchtsignale
3. Kreisförmiges Schwenken einer Flagge oder eines Lichtes.

110
Sie fahren im Nebel und hören das Schallsignal 2 x lang, einmal in der Minute. Was für ein Fahrzeug ist in Ihrer Nähe?

Vorrangfahrzeug.

111
Welche Nebelsignale werden von Häfen bzw. Landestellen aus gegeben?

2 x kurz ● ● *3 x/min. oder Glockenläuten.*

112
Welches Signal geben Sie, wenn Sie mit Ihrem Fahrzeug manövrierunfähig in einer Schifffahrtslinie liegen und sich Ihnen ein Vorrangfahrzeug nähert?

4 x kurz ● ● ● ●

113
Wie können Sie einem anderen Fahrzeug eine Gefahrensituation signalisieren?

Indem ich einen langen Ton gebe (Achtung!)

114
Auf Ihrem Kurs befindet sich ein ausweichpflichtiges Fahrzeug, das das Schallsignal 4 x kurz gibt. Was bedeutet dieses Signal, wie verhalten Sie sich?

Das andere Fahrzeug ist manövrierunfähig, ich biete Hilfe an.

115
Welches Signal geben Sie, wenn Sie einen Hafen verlassen wollen?

1 x lang ■

116
Ein Vorrangfahrzeug in der Nähe eines Hafens gibt drei lange (▬ ▬ ▬) Töne; was beabsichtigt das Vorrangfahrzeug und wie müssen Sie sich erforderlichenfalls verhalten?

Es will in den Hafen einlaufen; ich habe dem Fahrzeug den Vorrang zu lassen.

117
Wie lautet das Hafeneinfahrtssignal der Vorrangfahrzeuge?

▬ ▬ ▬

118
Ein Fahrzeug kommt Ihrem Fahrzeug so entgegen, daß die Gefahr eines Zusammenstoßes besteht; es gibt einen langen (▬) Ton. Was beabsichtigt der Entgegenkommende und wie sollten Sie darauf reagieren? (Zeichen und Fahrtrichtung)

Achtung!
Entgegenkommender wünscht Fahrtrichtung beizubehalten; mein Ausweichen hat mit Signalgebung zu erfolgen.

119
Wie ist das akustische Notsignal?

Folge langer Töne.

120
Sie geraten mit Ihrem Vergnügungsfahrzeug auf der Fahrt in ein größeres Nebelfeld; welche Signalgebung ist erforderlich?

▬ *1 x pro Minute.*

121
Ein Schleppverband gibt in der Nähe eines Hafens drei lange (▬ ▬ ▬) Töne; was beabsichtigt der Schleppverband und wie müssen Sie sich verhalten?

Will Hafen anlaufen, ich muß Vorrecht einräumen.

122
Wie lautet das Brückendurchfahrtssignal?

Ein langer Ton. ▬

123
Welche Mindestgröße ist in der BodenseeSchO für der Signalgebung dienenden Flaggen oder Bällen vorgeschrieben?

Flaggen-Mindest-Seitenlänge 60 cm, Bälle 50 cm Durchmesser.

124
Welche Signalflagge führt ein Vorrangfahrzeug?

Flagge oder Tafel grün über weiß, Mindestgröße (Seitenlänge) 60 cm.

125
Wie sind die Fahrzeuge der Berufsfischer beim Fang gekennzeichnet und wie sollen Sie daran vorbeifahren?

Weißer Ball 50 cm Durchmesser; langsam im Mindestabstand von 50 m.

126
Woran sind die Sportfischer, die mit einer Schleppangel fischen, zu erkennen?

Weiße Flagge, 60 cm Seitenlänge. Vorsichtig ohne Wellenschlag weiträumig umfahren.

127
Auf Ihrem Fahrkurs von Konstanz nach Friedrichshafen sehen Sie ein Motorboot treiben, auf dem ein Besatzungsmitglied eine rote Flagge im Kreis schwenkt; welche Situation ist gegeben und welche Maßnahmen müssen Sie treffen?

Notsignal. Hilfeleistung oder Hilfe herbeiholen.

128
Wie hat sich ein Motorboot gegenüber einem Fischerboot zu verhalten, das eine weiße Flagge gesetzt hat?

Kein Wegerechtsfall; Motorboot sollte Vorsicht walten lassen.

129
Im freien Seeraum kommt ein Schiffahrtshindernis in Sicht, welches zwei weiße Flaggen übereinander gesetzt hat, worauf ist besonders zu achten?

Auf die Ankerseile. Abstand halten.

130
Im Seerhein liegt ein Bagger in der Fahrrinne, der auf jeder Seite eine rote über einer weißen Flagge gesetzt hat, wo und wie passieren Sie die Stelle?

Vorbeifahrt ist an beiden Seiten möglich.

131
Auf der Talfahrt von Gottlieben nach Ermatingen kommt ein Bagger in Sicht, der auf einer Seite eine rote über einer weißen Flagge, auf der anderen Seite eine rote Flagge gesetzt hat, wie passieren Sie diese Stelle?

Vorbeifahrt nur an der rot-weißen Seite. Wellenschlag vermeiden.

132
Auf Ihrem Fahrkurs kommt ein Baggerschiff in Sicht; es hat zwei weiße Flaggen übereinander gesetzt. Worauf ist besonders bei der Vorbeifahrt zu achten?

Auf die Verankerung des Baggerschiffes; ich habe Abstand zu halten.

133
Woran können Sie erkennen, daß ein Polizeifahrzeug in dringendem Einsatz ist, wie verhalten Sie sich?

Wenn es blaues Blinklicht führt, Raum geben, eventuell stoppen.

134
Sie sehen ein Fahrzeug, auf welchem eine rote Flagge geschwenkt wird, welche Situation liegt vor, wie verhalten Sie sich?

Das Fahrzeug ist in Not. Leiste selbst Hilfe oder hole Hilfe herbei.

V Feuer und Lichter

Feuer

Feuer befinden sich an Land bzw. sind fest mit Land verbunden, z. B. Hafenmolen, Anlegestellen, befeuerte Dalben usw.
Die Hafeneinfahrten am Bodensee sind mit folgenden Feuern ausgerüstet:
Von See aus gesehen:

links rot
rechts grün

Als Ansteuerlicht zur Hafenmitte kann zusätzlich ein gelbes Licht Verwendung finden.
Landestellen außerhalb des Hafens:

Auf der Landestelle: rot über grün
falls notwendig, zusätzlich gelbes Ansteuerlicht.

Lichter

Lichter auf Fahrzeugen nennen wir Positionslichter. Sie sollen nicht nur das Fahrzeug selbst, sondern auch seine Position erkennen lassen, darum dürfen nur die vorgeschriebenen Lichter geführt werden.
Das Führen von Lichtern ist vorgeschrieben von Sonnenuntergang bis Sonnenaufgang und bei unsichtigem Wetter, wie z. B. Nebel, sehr dichtem Regen usw.
Fällt ein Licht aus, so ist ein weißes Ersatzlicht, z. B. eine Petroleumlampe, zu setzen, notfalls ist ein anderes weißes Licht (Taschenlampe) zum Zeigen bereitzuhalten, um herannahende Fahrzeuge warnen zu können.
Am Bodensee wird unterschieden zwischen hellen Lichtern und gewöhnlichen Lichtern, letztere werden in der Regel von Sportbooten verwendet.

Helle Lichter

Die Tragweiten der hellen Lichter sind wie folgt festgelegt:

weiß 4 km
rot und grün 3 km

Gewöhnliche Lichter

Tragweiten der gewöhnlichen Lichter:

weiß 2 km
rot und grün 1,5 km

Leuchtwinkel (Sektoren)

Für die Positionslaternen sind Leuchtwinkel vorgeschrieben, um aus der Lage der Lichter die Position eines sich nähernden Schiffes zum Beobachter ermitteln zu können. Lampenatteste, wie in der Seefahrt sonst üblich, sind am Bodensee nicht vorgeschrieben.
Positionslichter dürfen nicht durch Aufbauten, Segel usw. abgedeckt sein. Als Rundumlicht bezeichnet man ein Licht, welches aus allen Sichtwinkeln gesehen werden kann. Das Buglicht, besser Dampferlicht, ist ein vorn angebrachtes Licht mit einem Ausstrahlwinkel von je 112,5° nach jeder Seite, besitzt also einen Leuchtwinkel von 225°.
Seitenlichter bezeichnen jeweils eine Schiffsseite. Sie dürfen nicht über die Schiffsmitte von der anderen Seite zu sehen sein. Jedes Seitenlicht hat einen Ausstrahlwinkel von 112,5°, so daß beide Seitenlichter zusammen den gleichen Leuchtwinkel wie das Bug- oder Dampferlicht ergeben.
Hecklicht. Das Hecklicht schließt den Leuchtsektor nach hinten ab; es besitzt daher einen Leuchtwinkel von 135°. Besteht die Gefahr, daß das Hecklicht durch Schiffsteile verdeckt wird, z. B. durch einen Außenbordmotor, sind zwei Hecklichter anzubringen.

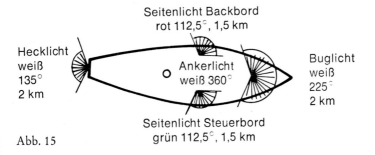

Abb. 15

Lichterführung

Vorrangfahrzeuge

Vorrangschiffe führen folgende Lichter:

Bug	weiß, helles Licht, deutlich höher als die Seitenlichter	(4 km)
Backbord	rot, helles Licht	(3 km)
Steuerbord	grün, helles Licht	(3 km)
Heck	weiß, helles Licht	(4 km)

Zusätzlich ein grünes, helles Rundumlicht, 1 m höher als das Buglicht (Dampferlicht).

Maschinengetriebene Fahrzeuge

Maschinengetriebene Fahrzeuge über 6 DIN-PS: Lichter wie Vorrangschiffe, es genügen auch gewöhnliche Lichter. Das Buglicht darf die gleiche Höhe haben wie die Seitenlichter.
Segelboote unter Maschine gelten als maschinengetriebene Fahrzeuge und haben entsprechend ihrer Maschinenleistung Lichter zu setzen.

Kleinfahrzeuge und Segelboote

Kleinfahrzeuge mit Maschinenantrieb bis einschließlich 6 DIN PS und Segelboote: Ein weißes, rundum sichtbares, gewöhnliches Licht. Dieses Licht wird auch von Fischern, die am Netz arbeiten, geführt.

Geschleppte Fahrzeuge

Fahrzeuge ohne Maschinenantrieb und geschleppte oder gekoppelte Fahrzeuge müssen ein weißes, gewöhnliches Rundumlicht führen.

Ankerlieger

Ankerlieger, außerhalb von festen Liegeplätzen, müssen ein weißes, rundum sichtbares Licht führen. (Abb. 15)

**Prüfungsfragen und Antworten zu
Teil V   Feuer und Lichter**

135
Welche Befeuerung zeigen die Hafeneinfahrten nachts oder bei unsichtigem Wetter?

Einlaufend rechts grün, links rot. Zur Hafenmitte eventuell gelbes Ansteuerlicht.

136
Welche Befeuerung ist für Landestellen der Kursschiffe die außerhalb der Häfen liegen vorgeschrieben?

Rot über grün, eventuell gelbes Ansteuerlicht.

137
Welche grundsätzliche Bedeutung hat die Lichterführung in der Schiffahrt?

Zur Kennzeichnung der Fahrzeuge und zur Erkennung der Position und Fahrtrichtung.

138
Dürfen Sie außer den in der BodenseeSchO vorgeschriebenen Lichtern auch noch andere zeigen?

Nein.

139
Wie groß ist die Tragweite eines hellen Lichtes, weißer, roter und grüner Farbe?

Weiß 4 km, grün und rot 3 km.

140
Wie groß ist die Tragweite eines gewöhnlichen Lichtes, weißer, roter und grüner Farbe?

Weiß 2 km, grün und rot 1,5 km.

141
Welches sind die Leuchtwinkel und Farben der Positionslaternen von maschinengetriebenen Fahrzeugen mit über 6 PS Antriebsleistung?

Buglicht (Dampferlicht) 225 Grad, weiß. Seitenlichter je 112,5 Grad, Stb. grün, Bb. rot. Hecklicht 135 Grad, weiß.

142
An welcher Lichterführung können Sie ein Vorrangfahrzeug während der Nacht oder bei unsichtigem Wetter erkennen?

Grünes helles Rundumlicht 1 m über Toplicht (Dampfer- oder Buglicht).

143
Welche Lichter sind für ein maschinengetriebenes Vergnügungsfahrzeug über 6 PS am Bodensee vorgeschrieben?

Gewöhnliche Lichter. Bug: weiß 225 Grad, Backbord: rot 112,5 Grad, Steuerbord: grün 112,5 Grad, Heck: weiß 135 Grad.

144
Welche vereinfachte Lichterführung ist für maschinengetriebene Fahrzeuge bis 6 PS Antriebsleistung möglich?

Ein weißes, gewöhnliches Rundumlicht.

145
Welche Lichterführung ist vorgeschrieben für ein Segelfahrzeug unter Segeln mit laufender Maschine?

Wie ein maschinengetriebenes Fahrzeug und entsprechend der Antriebsleistung seiner Maschine.

146
Welche Lichterführung ist vorgeschrieben für ein Segelfahrzeug unter Segeln?

Gewöhnliches, weißes Rundumlicht.

147
Welche Lichter hat ein geschlepptes Fahrzeug zu führen und welche der Schlepper?

Geschlepptes Fahrzeug: gewöhnliches weißes Rundumlicht; Schlepper: entsprechend der Vorschrift für maschinengetriebene Fahrzeuge.

148
Sie fahren während der Nacht in Ufernähe; auf Ihrem Fahrkurs kommen zwei weiße Lichter übereinander in Sicht; welche Situation ist gegeben?

Schwimmende Anlage.

149
Wann und wo müssen stilliegende Fahrzeuge in der Nacht gekennzeichnet sein und womit?

Außerhalb von Häfen, gewöhnliches, weißes Rundumlicht.

150
Erklären Sie den Begriff „Stillliegen"!

Fahrzeuge, die am Ufer oder am Anker unmittelbar oder mittelbar festgemacht sind, liegen still.

151
Wie müssen festgekommene Fahrzeuge auf den Rheinstrekken nachts gekennzeichnet werden?

An der freien Seite rot über weiß, an der Seite, auf der keine Durchfahrt möglich ist, ein rotes Licht.

152
Was wird auf den freien Seeteilen durch zwei weiße übereinander liegende Lichter gekennzeichnet?

Schiffahrtshindernis, z. B. Bagger oder gesunkenes Fahrzeug.

153
Auf der Rheinstrecke sehen Sie vor sich ein Schiffahrtshindernis, welches auf der einen Seite ein rotes, auf der anderen Seite ein rotes über einem weißen Licht zeigt, wie fahren Sie daran vorbei und worum kann es sich handeln?

Schiffahrtshindernis, ich fahre vorsichtig an der mit rot-weiß gekennzeichneten Seite vorbei.

154
Während der Fahrt auf der Rheinstrecke erscheinen vor Ihnen zwei Lichtgruppen rot über weiß, worum kann es sich handeln und wie fahren Sie daran vorbei?

Schiffahrtshindernis. Beide Seiten sind passierbar. Ich fahre langsam, nach Möglichkeit rechts vorbei.

155

Im Sommerweg des Schwanenhalses sehen Sie während Ihrer Talfahrt bei Nacht voraus ein rotes Licht in Sicht kommen, rechts daneben in gleicher Höhe sehen Sie ein weiteres rotes Licht und unter diesem ein weißes Licht; welche Situation liegt an und wie müssen Sie sich verhalten?

Vor mir: Schwimmendes Gerät, Fahrzeug bei der Arbeit, gesunkenes oder festgekommenes Fahrzeug; ich kann an der rot-weißen Seite vorbeifahren (vorsichtig).

156

Sie fahren nachts von Ermatingen nach Konstanz; rechts voraus sehen Sie ein rotes über einem weißen Licht etwa 1 m auseinander; was ist zu beachten?

Ich kann an der bezeichneten Seite rücksichtsvoll vorbeifahren.

VI Wetterkunde und Sturmwarndienst

Reviergebundene Wetterkunde

Der Bodensee, an der Nordseite der Alpen gelegen, unterliegt hinsichtlich der Wetterbildung sehr stark dem Einfluß dieses Gebirgszuges. Außerdem bewirkt der Bodensee infolge seiner Größe eine örtliche Temperaturstabilisierung, die starken Einfluß auf die Bildung thermischer Winde besitzt, die sicherlich dazu beitragen, daß sich, zumeist in den Nachmittagsstunden, örtliche Gewitter bilden können, die für den Wassersportler sehr gefährlich werden können. Dem Wassersportler müssen die charakteristischen Wetterlagen seines Reviers geläufig sein und das nicht nur um eventuelle Gefahren rechtzeitig zu erkennen, sondern insbesondere dem Segler auch, um durch Ausnutzung lokaler Winde die für ihn günstigsten Bedingungen zu erlangen.

Thermische Winde

Bei ruhigem Wetter und kräftiger Sonneneinstrahlung ergeben sich infolge der unterschiedlichen Erwärmung von Land- und Seegebieten thermische Winde, die am Tage, also bei Sonneneinstrahlung, als Seewind, d. h. vom See zum Land hin wehen. Läßt die Sonneneinstrahlung nach, was zumeist schon in den Nachmittagsstunden der Fall ist, wird das Wasser also wieder wärmer als das Land, kehrt sich die Windrichtung um und es herrscht Landwind, also vom Land zum See hin, der meist die ganze Nacht durchhält.
Der Seewind wird auch als auflandig bezeichnet, während der Landwind ablandig genannt wird.
Natürlich müssen die thermischen Winde auch mit den sich aus der allgemeinen Großwetterlage ergebenden Luftströmungen betrachtet werden. Sie können, je nach Windrichtung, diese unterstützen (kräftigen), oder auch abschwächen. Zumeist kann davon ausgegangen werden, daß der Seewind schwächerer Natur ist, während der Landwind örtlich auffrischen und auch böig werden kann.

Föhn

Eine andere Wetterart, wohl die gefährlichste am Bodensee, ist der Föhn, der vor allem den östlichen Teil des Obersees sehr hart treffen kann.
Der Föhn entsteht durch eine von Süd nach Nord gerichtete Strömung, die umfangreiche trockene Warmluftmengen aus Südeuropa und Nordafrika bringt. Der Föhn fällt daher fast immer

bei klarem oder fast klarem Himmel ein. Oft ist die Luftströmung schon an schnell fliegenden, zerrissenen Wolkenfetzen, die in großer Höhe sind, den Cirruswolken, zu erkennen.

Der Föhn ergibt sehr oft an der Alpensüdseite zunächst einen Stau. Es bestehen dann an der Alpennordseite bereits Anzeichen für eine Föhnlage und föhnempfindliche Menschen spüren bereits den Föhn. Kommt der Föhn zum Durchbruch, so fällt er mit großer Geschwindigkeit durch das Rheintal ein.

Maßgebend für die Geschwindigkeit und damit für die mögliche Ausbildung eines Föhnsturmes sind zwei Faktoren:

Erstens muß die Geschwindigkeit, mit der die Warmluftmengen gegen den Alpenkamm gepreßt werden, groß genug sein den Kamm selbst zu überwinden und zweitens muß ein Druckgefälle von der Alpensüd- zur -nordseite vorhanden sein, das heißt, auf der Südseite der Alpen muß ein höherer Luftdruck herrschen als auf der Nordseite.

Treffen beide Faktoren zusammen, oder ist einer von ihnen besonders groß, so bricht der Föhn mit großer Wucht durch und kann in schweren Fällen, zumindest kurzzeitig, Orkanstärke erreichen.

Liegt der Säntis im Dunst, was fast immer der Fall ist, so wird dieser Dunst von oben her durch den Föhn aufgelöst. Der Gipfel kommt also plötzlich aus dem Dunst heraus und ist klar zu erkennen. Je nach Stärke des Föhnes vergehen dann noch 15 bis 30 Minuten, bis er den See erreicht.

Wehte vorher ein östlicher oder westlicher Wind, so erfolgt zunächst durch die gegenläufige Windrichtung des Föhnes ein Stau, der sich als Flaute auswirkt. Hierin liegt eine Gefahr für den Unkundigen! Trotz der Flaute ist es unbedingt erforderlich, sofort alles an Bord auf den kommenden Sturm vorzubereiten und ständig die Wetterlage zu beobachten.

Sturmwarndienst am Bodensee

In der Zeit vom 1. April bis 31. Oktober ist von 7.00 bis 22.00 Uhr am Bodensee zur Warnung der Schiffahrt ein vorbildlicher Sturmwarndienst vorhanden. (Sommerzeit beachten)

Die Wetterlage, die unter anderem auch durch die meteorologische Station des Flughafens Kloten (Zürich), ständig durch Wetterradar beobachtet wird, wird, wenn sie zur Annahme einer Wetterverschlechterung mit Sturmgefahr für den Bodensee Anlaß gibt, dem meteorologischen Institut in Konstanz übermittelt.

Hier wird für den Bodensee eine spezielle Auswertung vorgenommen und, falls Sturm zu erwarten ist, die Wasserschutzpolizei in Friedrichshafen alarmiert, die die Sturmwarnung auslöst.
Die Warnung erfolgt über 40 Drehscheinwerfer, die orangefarbene Blitze abgeben und die an markanten Stellen des Sees installiert sind, so daß sie immer im Sichtbereich liegen.
Um örtliche Warnungen vornehmen zu können, ist der Bereich des Obersees dabei in zwei Bereiche unterteilt, wobei die Grenze von Friedrichshafen nach Uttwil verläuft.

Es werden zwei Warngruppen unterschieden:

Vorsichtsmeldung:
40 Lichtblitze/min.
„Die Wetterlage ist bedenklich"
Es muß unter Umständen mit Winden über 25 Knoten gerechnet werden.

Auf die Vorsichtsmeldung erfolgt meistens keine Sturmwarnung, es sei denn, die Wetterlage verschlechtert sich, so daß Durchbruch eines Sturmes erfolgt. Die Vorsichtsmeldung ist also keine Vorwarnung.

Sturmwarnung:
90 Lichtblitze/min.
„Es ist mit Wind über 25 Knoten zu rechnen"

Wesentlich ist zu wissen, daß der Föhn durch Wetterradar kaum zu erfassen ist, weil er nicht von Wolkenfeldern begleitet wird. Bei Föhnstürmen kann es also vorkommen, daß die Sturmwarnung verhältnismäßig spät einsetzt bzw. überhaupt nicht gewarnt wird.

Maßnahmen bei Sturmgefahr
Unverzüglich Sicherheitsmaßnahmen treffen!
See und Wetterbildung ständig beobachten!

Sind mehrere Personen an Bord, Arbeitseinteilung vornehmen, um Zeit zu gewinnen.
Wenn möglich, nächsten Hafen oder geschütztes Ufer anlaufen. Auch bedenken, daß es möglich ist, daß der Sturm aus einer anderen als der bisherigen Windrichtung kommen kann. Vor Winddrehungen herrscht zumeist völlige Flaute, nicht täuschen lassen!
Nicht alle Stürme sind durch eine dunkle Wand über der Wasseroberfläche erkennbar. Vorwiegend im Raum des Konstanzer Trich-

ters, des Überlinger- und des Untersees ist mit Fallböen zu rechnen. Daher:

Reffen, Schwimmwesten anlegen.

Fenster und Luken dicht.

Kurs peilen, im Sturm unter Umständen sehr schlechte Sicht.

Kurs gut nach Luv vorhalten.

Notsignale prüfen und bereitlegen.

Im Hafen liegende Boote nicht mehr auslaufen, Festmacher und Fender prüfen.

Segler bergen immer zuerst die Genua, auch wenn noch Flaute herrscht!

Kann ein Hafen nicht mehr mit Sicherheit erreicht werden oder besteht die Möglichkeit, daß die Hafeneinfahrt in der Brandung liegt, die dem Boot Schwierigkeiten bereitet, draußen, weit vor der Brandung bleiben und langsam, schräg gegen die Wellen anlaufen. Die See ist draußen wesentlich ruhiger als im Haldenverlauf.

Muß geankert werden, Ankertrosse sehr lang, mindestens 5 mal Wassertiefe, stecken.

Unter Maschine laufende Fahrzeuge müssen auf jeden Fall die Wysse meiden, da außer Grundgewell für sie noch die Gefahr der Verkrautung der Schraube besteht.

**Prüfungsfragen und Antworten zu
Teil VI   Wetterkunde und Sturmwarndienst**

157
Welches sind die hauptsächlichsten lokalen Winde am Bodensee?

Landwind und Seewind, Föhn.

158
Zu welcher Tageszeit ist auflandiger Wind (Seewind) zu erwarten?

Am Tage.

159
Zu welcher Tageszeit ist ablandiger Wind (Landwind) zu erwarten?

Nachmittags und am Abend.

160
Wodurch zeigt sich das Nahen eines Gewitters an?

Dunkle Wolken, Luftdruck fällt.

161
Wie macht sich eine Föhnlage erkennbar?

Sehr gute Sicht, blauer Himmel, Föhnwolken.

162
Welche Seeteile sind durch Föhnstürme besonders gefährdet?

Östl. Teile des Obersees.

163
Sind Föhnstürme für die Sportschiffahrt besonders gefährlich?

Ja, durch unregelmäßige starke Böen.

164
Wie erfolgt am Bodensee die Sturmwarnung?

Über 40 orangefarbene Drehscheinwerfer, die Vorsichtsmeldung und Sturmwarnung signalisieren.

165
In welchem Zeitraum wird am Bodensee der Sturmwarndienst durchgeführt?

1. 4. — 31. 10. von 7 — 22 Uhr.

166
Welche einheitliche Farbe haben die Lichtblitze der Sturmwarnfeuer am Bodensee?

Orange.

167
Welche Signalgebung erfolgt bei „Vorsichtsmeldung" und welche bei „Sturmwarnung"?

Vorsichtsmeldung 40, Sturmwarnung 90 Lichtblitze pro Minute der orangefarbenen Drehscheinwerfer.

168
Nennen Sie die Arten der Sturmwarnung am Bodensee!

Vorsichtsmeldung u. Sturmwarnung.

169
Was sagt die Sturmwarnung aus?

Die Wetterlage läßt die Möglichkeit von Windstärken über 25 Knoten erkennen.

170
Bedeutet die Vorsichtsmeldung eine Vorwarnung?

Nein.

171
Nennen Sie die Trennlinie des westlichen vom östlichen Warngebiet im Sturmwarndienst?

Friedrichshafen—Uttwil.

172
Welche Sicherheitsmaßnahmen ergreifen Sie als Schiffsführer bei Sturmgefahr?

Schwimmwesten anlegen, Luken dicht, Segel reffen, Notsignale bereit legen, nach Möglichkeit nächsten Hafen anlaufen.

VII Navigation

Das Kapitel Navigation ist nur zur Erklärung des Kompasses und seiner Anwendung in stark eingeschränkter Form dargestellt, da in der Prüfung nur einige grundsätzliche Fragen gestellt werden.

Unter Navigation versteht man in der Seemannschaft die Bestimmung des Schiffsweges auf See.
Sie ist aber nicht nur ein Mittel zur Bestimmung des am günstigsten zu fahrenden Kurses, sondern gestattet auch eine Standortermittlung.
Wichtigste Hilfsmittel der Navigation sind:
    Karte, Kompaß, Kursdreieck und Zirkel.
    Außerdem für das fahrende Schiff: Uhr und Logge.

Man unterscheidet zwischen terristischer und astronomischer Navigation, je nachdem, ob man sich der Fixpunkte auf der Erde (Terra) oder der Gestirne bedient.
Selbstverständlich kommt für den Bodensee nur die terristische Navigation in Betracht.

Die Karte

Um die Navigation auf einer Karte zu ermöglichen, wickelte Mercator die Erdoberfläche zunächst einmal in eine Darstellung auf einer Ebene ab. Er ging weiter davon aus, daß seine Karte an den Polen nicht zu stimmen brauche und folgerte weiter, daß in einem sehr kleinen Betrachtungsbereich der nun erhaltenen Karte die Längen- und Breitengrade praktisch senkrecht zueinander stehen. Er verzerrte die Karte zusätzlich in dem Verhältnis, wie die Breitengrade kürzer wurden. (Abb. 16)
Hierdurch erhielt Mercator eine winkelgetreue aber nicht flächentreue Darstellung und schaffte so die Voraussetzung, Kurse mit geraden Linien in die Karten zeichnen zu können, die alle Längenkreise im gleichen Winkel schneiden. Die Winkel, die sich so aus einem in die Karte gezeichneten Kurs und den Längenkreisen (Meridianen) ergeben, sind somit die Kurse zur Nord-Südachse der Erde und werden rechtweisende Kurse genannt.
Da die Verzerrungen durch die Korrektur der Breitengrade erheblich sind — sie sind nur am Äquator gleich null — sind Entfernungsbestimmungen nur an den Breitengraden, d. h. am linken oder rechten Kartenrand, abzunehmen und das auch nur in der Höhe des Schiffsortes. (Abb. 17)

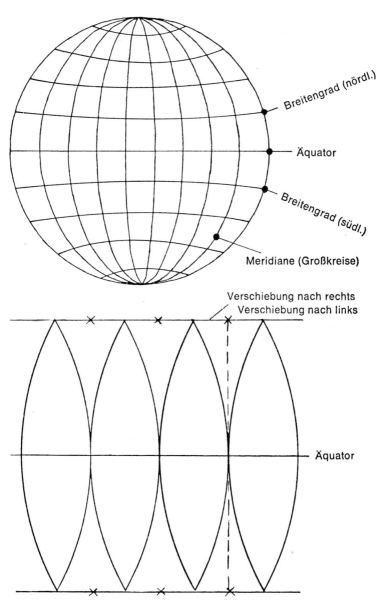

Abb. 16

Um zur Ortsbestimmung eine einheitliche Kennzeichnung zu erhalten, wurden Längen- und Breitengrade fest bezeichnet. Man legte einen Längengrad durch die Sternwarte von Greenwich und gab ihm die Bezeichnung null. Von dort aus wird östlich und westlich gezählt, zu jeweils 180 Grad.

Für die Breitengrade wählte man den Äquator als null und zählte zu den Polen hin jeweils 90 Grad, wobei man dann von nördl. oder südl. Breite spricht.

Aus der Einteilung des Koordinatensystems ergab sich nun auch gleich der Maßstab. Rechnet man den Erdumfang mit 40 005 km und teilt diesen in 360 Grad und einen Grad in 60 Minuten, so erhält man für eine Minute:

$$\frac{40\,005 \text{ km}}{360 \cdot 60} = 1852 \text{ m}$$

und nennt diese Strecke 1 Seemeile.

Um zur Geschwindigkeit zu kommen, wählte man den Begriff von Seemeilen pro Stunde und nennt diese dann Knoten.

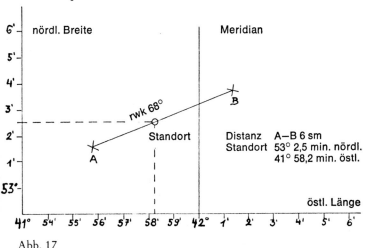

Abb. 17

Der Kompaß

Zur Einhaltung des auf der Karte ermittelten rechtweisenden Kurses ist ein Kompaß erforderlich. Da am Bodensee der Kurs zumeist nicht mit der Karte bestimmt wird, dient hier der Kompaß bei schlechter Sicht vor allem zur Einhaltung des Kurses.

Auf Sportfahrzeugen werden fast ausschließlich Magnetkompasse verwendet. Da eine sich in Luft frei bewegliche Magnetnadel zu unruhig wäre, wird sie von einer Flüssigkeit umgeben, die ihre Ausschläge dämpft. Wir sprechen dann von einem flüssigkeitsgedämpften Magnetkompaß. Um auch die langsamen Bewegungen des Schiffes weitgehend vom Kompaß fernzuhalten, wird er doppelt kardanisch aufgehängt. Ein solcher Kompaß ergibt eine brauchbare Lösung, während die aufwendigen Kreiselkompasse nur in der Berufsschiffahrt Verwendung finden.

Der Kompaß zeigt uns nun den Kurs zur Nord-Südrichtung an, wobei die Kompaßrose in 360 Grad eingeteilt ist. (Abb. 18). Da der magnetische Nordpol jedoch nicht mit dem Kartennordpol zusammenfällt, liegt hier bereits der erste Fehler vor, der zu berücksichtigen ist.

Der magnetische Nordpol liegt in Nordkanada bei Boothia-Felix. Hätte die Erde sonst keine magnetischen Massen, wäre die Korrektur einfach. Da aber zum Teil erhebliche Magnetfelder der Erde den Kompaß zusätzlich beeinflussen, ist der Fehler sehr unterschiedlich. Er wird auf den Karten für das Gebiet der Karte angegeben und als Ortsmißweisung bezeichnet.

Da sich die magnetischen Massen auf der Erde zudem noch ändern, wird, um eine korrekte Navigation zu ermöglichen, noch die Jahreszahl angegeben, auf die sich die Mißweisung bezieht und außerdem, bei guten Karten, noch die jährliche Änderung, die die Mißweisung erfährt.

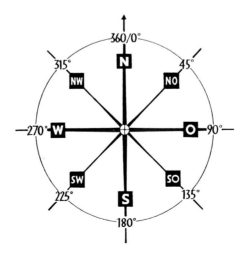

Abb. 18

**Prüfungsfragen und Antworten zu
Teil VII   Navigation**

173
Welches sind die hauptsächlichsten Hilfsmittel für die Navigation?

Karte, Kursdreieck, Zirkel. Kompaß, Logge, Uhr.

174
Welche Aufgabe übernehmen Karte und Kompaß bei der Navigation?

Standort- und Kursermittlung, Einhaltung des Kurses.

175
Warum muß der Schiffsführer einen Kompaßkurs ermitteln und steuern können?

Um bei unsichtigem Wetter zielsicher größere Entfernungen überbrücken zu können.

176
Nennen Sie die gebräuchlichsten Kompaßarten?

Magnetkompaß und Kreiselkompaß.

177
Welches ist die auf Sportfahrzeugen fast ausschließlich verwendete Kompaßart?

Flüssigkeitsgedämpfter Magnetkompaß.

178
In wieviel Grad werden die der Navigation dienenden Kompaßrosen eingeteilt?

360 Grad.

179
Wieviel Grad entsprechen einem Kompaßquadranten?

90 Grad.

VIII Seemännische Arbeiten, Kenntnisse und Sicherheit

Tauwerk

Als Tauwerk wird heute hauptsächlich solches aus Kunstfaser verwendet. Es hat gegenüber dem früher üblichen organischen Tauwerk den Vorteil der größeren Festigkeit. Außerdem fault es nicht. Für sehr hohe Beanspruchung wird, z. B. für Wanten und Stagen, aber auch für Fallen, Drahttauwerk verwendet, welches aus verzinkten Eisendrähten oder rostfreiem Stahl hergestellt wird.

Alles Tauwerk wird unter der Bezeichnung „Gut" zusammengefaßt. So kennen wir stehendes und laufendes Gut, Bändselgut usw. Ein Tau bezeichnet der Seemann als Ende. Das Ende eines Taues dagegen als Tampen.

Je nach der Art des Tauwerkes wird noch unterschieden zwischen geschlagenem und geflochtenem Tauwerk. Das geschlagene Tauwerk ist relativ unempfindlich, dehnt sich aber stark und wird zudem unter Einfluß von Wasser und Sonne leicht hart, so daß wir es z. B. für Schoten nicht gebrauchen können, da diese vielfach umgelenkt werden müssen und dazu über Blöcke geführt werden.

Die andere, weichere Art, ist das geflochtene Tauwerk. Es wird in vielen Fällen noch zusätzlich mit einer Ummantelung versehen, ist sehr weich, lehnig, wie der Seemann sagt, aber auch empfindlich gegen Scheuern, Schamfielen, und muß dagegen gut geschützt werden, was natürlich auch für geschlagenes Tauwerk dringend zu empfehlen ist.

Geschlagenes Tauwerk besteht aus mehreren Kardelen. Die durch die Kardele gebildete Nut nennt man die Keep.

Tauwerk mit drei Kardelen heißt Trossenschlag, mit vier Kardelen Wantschlag. Starkes Tauwerk nennt man eine Trosse und da man, um eine größere Stärke zu erzielen, sehr starke Kardele benötigt, werden die Kardelen erst zu einem dünneren Trossenschlag verarbeitet und dann werden drei dieser Enden zu einer neuen Trosse geschlagen. Man erhält so einen Kabelschlag, der dann 3 x 3, also 9 Kardele besitzt.

Als Kunstfaser wird heute hauptsächlich Nylon und Perlon verarbeitet, aber auch Polypropylen, welches zwar sehr steifes, aber schwimmendes Tauwerk ergibt.

Jeder Tampen muß gegen Aufdröseln gesichert sein. Hierzu werden die verschiedenen Taklinge verwendet. Der Takling umgibt das Ende eines Tampens mit einer Umwicklung von Segelgarn, welches zum Schluß sauber vernäht sein muß.

Knoten

Wir unterscheiden:
Stopperknoten
Knoten zum Zusammenstecken von Leinen und Trossen
Knoten zum Festmachen und Belegen. (Abb. 19)

Stopperknoten

Als Stopperknoten wird der Achtknoten verwendet. Er hat den Zweck, das „Ausrauschen" von Fallen und Schoten zu verhindern. Wenn keine Gefahr durch ihre Anwendung hervorgerufen werden kann, sind sie grundsätzlich am Tampen von Schoten und Fallen vorzusehen.

Knoten für Leinenverbindungen

Diese Knoten sollen nicht nur gut halten, sie sollen sich auch leicht öffnen lassen. Haben wir eine Verbindung von gleichartigen, etwa gleich starken Enden herzustellen, so verwenden wir den Kreuznoten.
Sind die Enden nicht gleich stark, so muß der Schotstek genommen werden. Der einfache Schotstek hält so lange gut, wie ständig Kraft auf ihn steht. Tritt starke Wechselbelastung, insbesondere mit völliger Entlastung, auf, kann er ausrauschen, wenn das Tauwerk zu glatt ist (Nylon, Perlon usw.). Hier muß dann der doppelte Schotstek Anwendung finden.

Knoten zum Festmachen

Knoten zum Festmachen unterscheiden sich ganz wesentlich voneinander durch ihren Verwendungszweck. Zum vorübergehenden Festmachen, zum Anstecken von Fendern und Leinen an Bord, dient der Webeleinstek. Auch er hält bei glattem Tauwerk und öfterer Lose nicht ganz sicher und sollte in diesem Fall mit einem halben Schlag gesichert werden.
Soll ein Anker angesteckt oder an einem Ring belegt werden, so verwenden wir den Roringstek. Hier kommt es vor allem auf die Sicherheit des Knotens, nicht so sehr auf die Möglichkeit, ihn leicht wieder zu öffnen, an. Der Roringstek hält auf jeden Fall, wenn erst einmal richtig Kraft auf ihn gestanden hat.
Ein Universalknoten ist der Palstek. Er ergibt ein Auge, welches sich weder auf- noch zuzieht. Grundsätzlich wird er genommen, um über einen Pfahl zu belegen. Er dient aber auch für alle möglichen Verwendungszwecke an Bord und ist der Knoten, der einem

Kreuzknoten
Verbindung von zwei
gleichstarken Enden

Achtknoten

Einf. Schotstek
Verbindung von zwei
ungleich starken Enden

Dopp. Schotstek

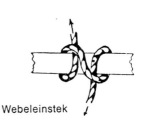

Webeleinstek

Roringstek
An Ringen und Anker

Palstek
Pfahlwurf

**Belegen einer
Klampe mit Kopfschlag**

Abb. 19

über Bord Gegangenen um die Brust gelegt wird, um ihn wieder an Bord nehmen zu können.

Zu den Festmacherknoten gehört auch das Belegen von Klampen mit einem Kopfschlag.

Anker

Der Anker zählt zu den wichtigsten Ausrüstungsgegenständen eines Schiffes, bietet er doch die letzte Möglichkeit, bei Ausfall von Segel und Maschine eine Strandung zu vermeiden. Der Auswahl eines geeigneten Ankers ist daher größte Sorgfalt zu schenken.

Alle Anker haben gemeinsam, daß sie mit einer „Hand", auch „Pflug" genannt, in den Grund greifen. Bei vielen Ankerarten greifen gleich zwei Pflugen, so daß ein größerer Widerstand entsteht. (Abb. 20)

Um ein gutes Eingraben zu ermöglichen, muß die Ankertrosse oder -kette möglichst schräg stehen. In der Praxis verwendet man daher die 3- bis 5-fache Wassertiefe als Ketten- bzw. Trossenlänge.

Ist der Ankergrund steinig, so müssen die Pflugen nicht nur ganz spitz, sondern auch nicht zu breit sein. Liegt dagegen ein schlammiger Grund vor, so sind möglichst große Flächen von Vorteil.

Man kann also nicht grundlegend sagen, daß es einen Universalanker für jeden Grund gibt und sollte daher, wenn Gebiete sehr unterschiedlicher Grundbeschaffenheit bereist werden, möglichst zwei verschiedene und ausreichend schwere Anker an Bord haben.

Stock- oder Admiralitätsanker

Diese Ankerart ist wohl die älteste. Hier greift eine Hand in den Grund, während der obere Arm, der Stock, dafür sorgt, daß der Anker sich richtig legt.

Draggen

Der Draggen ist ein Universalanker, der auch auf Sportbooten weit verbreitet ist.

Beim Draggen greifen immer zwei Pflugen, da er vier Arme mit Pflugen besitzt. In seiner ursprünglichen Form ist er sehr sperrig, daher wurde er, um ihn besser stauen zu können, in kleinerer Ausführung als „Schirmanker", d. h. klappbar, ausgeführt, während er auch als „Umsteckdraggen" hergestellt wird. Hier wird der untere Teil des Schaftes quadratisch geformt und der obere Arm lose, entweder parallel zum unteren gelegt, um Platz zum Stauen zu sparen, oder aber in Arbeitsstellung quer zum unteren gestellt.

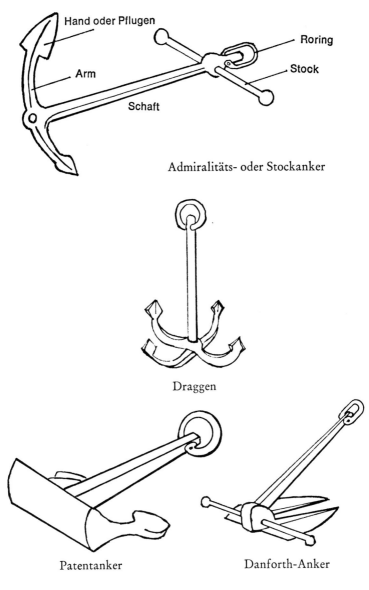

Abb. 20

Patentanker

Auch ein für jeden Grund brauchbarer Anker, der mit zwei Pflugen greift, ist der Patentanker. Die Arme sind am Schaft durch ein Gelenk verbunden, so daß der Anker immer richtig liegt. Die Arme sind sehr schwer, also gleich als Gewicht ausgebildet.

Danforthanker

Das ist der leichteste der üblichen Ankerarten, mit großen, breiten Pflugen. Er ist nur bei sandigem und Schlickgrund zu verwenden. In der Konstruktion ist er wie der Patentanker, jedoch aus Blech und Rundeisen hergestellt. Der Danforthanker ist mit einem Stock versehen, damit er sich richtig auf den Grund legt.

Ankern

Das Wissen um die Ankermanöver ist wichtig, weil der Anker nur zu oft das letzte Mittel ist, einen auf Land treibenden Havaristen vor der Strandung zu bewahren.
Auch sonst kann Ankern unter schwierigen Umständen erforderlich sein, um z. B. auf sehr engem Raum die Segel zu bergen, um Fahrt aus dem Schiff zu nehmen und ähnliches.
Soll ein Schiff vor Anker gehen, so ist wichtig, daß zunächst das Ankergeschirr völlig klar gelegt wird. Der Anker selbst ist aus der Bettung oder dem Stauraum zu nehmen und klarzumachen. Die Ankertrosse oder -kette ist anzustecken. Wird hierbei ein Schäkel verwendet, so ist er unbedingt zu sichern. Durch die Bewegung des Schiffes am Anker löst sich der Schäkelbolzen nur zu leicht.
Ist alles klar und das Ende der Ankertrosse am Schiff belegt, dann ist zum Ankerplatz hin ein Aufschießer zu machen, d. h. in den Wind zu gehen, wobei zu berücksichtigen ist, daß nach Lee genug Seeraum vorhanden sein muß. Stört hierbei das Vorsegel, so ist es vorher zu bergen. Ist das Boot nach dem Aufschießer zum Stillstand gekommen, wird der Anker über Bord gegeben und langsam Trosse nachgesteckt. Niemals Trosse oder Kette mit dem Anker über Bord werfen. Verfängt sich die Trosse in den Pflugen, kann der Anker nicht halten! Hat der Anker Grund, so ist mindestens dreifache Wassertiefe bei Kette oder fünffache Wassertiefe bei Trosse nachzustecken. Bei schwerem Wetter und ungünstigem Grund eher fünfmal.
Ankert man vor langer Trosse oder im Hafen, so ist der Anker noch durch eine Boje, ersatzweise einen Fender, zu kennzeichnen, die man Döpper nennt. Die Anker haben zu diesem Zweck unten

am Schaft ein Auge, in welches eine Leine gesteckt werden kann, an dessen anderem Ende dann die Boje gesteckt wird. Hier ist natürlich nur einfache Wassertiefe als Leinenlänge zu wählen, damit die Boje möglichst genau über dem Anker zu stehen kommt.
Beim Anker aufholen ist darauf zu achten, daß das Boot segelfertig bzw. die Maschine laufen muß, bevor der Anker ausgebrochen wird. Bei Seglern ist das Großsegel zu setzen und das Vorsegel anzuschlagen und nötigenfalls anzuzeisen.
Bei „Anker auf" unter Segeln wird zunächst kurzstag geholt, d. h. so weit beigeholt, daß Kette oder Trosse etwa einen Winkel von 45 Grad bilden. Alsdann folgt das Kommando „Anker auf", die Fock wird, sowie der Anker frei ist, gesetzt und back genommen, so daß das Boot über den Achtersteven dreht. Alsdann Fock über und Großschot dicht.

Prüfungsfragen und Antworten zu
Teil VIII Seemännische Arbeiten, Kenntnisse und Sicherheit

180
Welche Grundarten unterscheiden Sie beim Tauwerk hinsichtlich der Flechtart?

Geschlagenes und geflochtenes Tauwerk.

181
Wie nennt man dreischäftig, wie vierschäftig geschlagenes Tauwerk?

Trossenschlag, Wantschlag.

182
Womit wird ein Ende gegen Aufdröseln gesichert?

Mit einem Takling.

183
Welche Knoten dienen zum Zusammenstecken von Leinen und Trossen?

Kreuzknoten, einfacher und doppelter Schotstek.

184
Welche Knoten benutzen Sie zum Festmachen?

Webeleinstek, Roringstek, Palstek.

185
Wozu verwenden Sie einen Webeleinstek?

Zum Anstecken von Fendern, zum vorübergehenden Festmachen.

186
Wodurch zeichnet sich ein Palstek aus?

Er ergibt ein Auge, welches sich nicht zuzieht und auch nicht öffnet.

187
Mit welchem Knoten wird eine Klampe belegt?

Mit einem Kopfschlag.

188
Welche Ankerarten kennen Sie?

Stock- oder Admiralitätsanker, Draggen, Danforth- und Patentanker.

189
Was ist bei der Aufnahme eines Geretteten besonders zu beachten?

Motor in Leerlauf, nicht unter das Boot treiben lassen, Krängung beachten.

190
Wer führt den amtlichen Seenotrettungsdienst durch?

Wasserschutz- und Seepolizei.

191
Was ist beim Ausbrechen eines Feuers an Bord unbedingt zu beachten?

Ruhe bewahren, Rettungsmittel anlegen, Notsignale geben, Feuer löschen.

192
Was müssen Sie an Sicherheitsausrüstung mitführen?

Rettungsmittel, Feuerlöscher, Notsignale, Werkzeug u. a.

193
Wie haben Sie sich gegenüber in Seenot Geratenen zu verhalten?

Hilfeleistung soweit möglich und zumutbar gegebenenfalls Hilfe herbeiholen.

IX Segeln (zusätzlicher Lehrstoff für Kategorie D)

Allgemeines

Das Boot, welchem wir uns anvertrauen, soll nicht nur sicher sein, sondern es muß in seiner Bauart auch unseren Ansprüchen hinsichtlich des Reviers sowie unseren Wünschen, die sich auf den Verwendungszweck beziehen, entsprechen.
Der heute dominierende Kunststoffbau erlaubt zwar eine fast uneingeschränkte Formgebung, so daß den Konstrukteuren weiträumiger Spielraum zur Verfügung steht, doch bleibt immer eine Anlehnung an bewährte Grundformen, so, wie sie aus dem Holzschiffbau bekannt sind, erhalten.
Wir behandeln daher die traditionellen Bootsbauformen, auf die alle vernünftigen Konstruktionen zurückzuführen sind.

Bauart der Boote

Spantformen

Das „Gerippe" eines Bootes nennt man Spanten. Die Spantform ergibt daher zugleich die Form des Rumpfes. Aus der Spantform heraus unterscheiden wir:

Rundspant
Knickspant
S-Spant

Die Rundspantform ist die älteste, auch heute zumeist noch verwendete Bootsform. Schon die Phönizier und Wikinger verwandten diese Form, da es relativ einfach ist, einen Spant in die runde Form zu biegen.
Je nach Verwendungszweck des Bootes können bei dieser Form breite flache, als auch schmale tiefe Rümpfe hergestellt werden. Diese Bauform findet also sowohl für Jollen als auch für Kielboote Verwendung.
Soll der Übergang zum Kiel mit weichen Linien hergestellt werden, so läßt man den Rumpf direkt in den Kielansatz übergehen und erhält so den sogenannten S-Spant. Ein Boot mit S-Spant ist also immer ein Kielboot.
Ein Boot in Knickspantform entsteht mit sogenannten gebauten Spanten, weil es nicht möglich ist, die Spanten scharf zu biegen. Sie müssen gesägt, also gebaut werden, wie der Bootsbauer sagt.
Knickspantboote bieten hinsichtlich der Beplankung (Außenhaut) den Vorteil, großflächige Bauelemente verwenden zu können, d. h.

es ergeben sich verhältnismäßig wenig Nahtstellen. Großen Aufschwung erhielt diese Bauweise für den Sportbootbau, nachdem es gelang, wasserfest verleimte Sperrhölzer herzustellen. Aber auch für Stahlschiffe ergeben sich hier sehr preiswerte Rümpfe. (Abb. 21)

Beplankungsarten

Während bei den Knickspantformen die zweckmäßigste Art der Beplankung schon durch die Spantform vorgegeben ist, ergibt sich bei den Booten mit Rund- oder S-Spant die Möglichkeit, die Planken in Karwel- oder Klinkerbauweise anzuordnen.

Heute werden die Rümpfe zumeist aus Kunststoff mit Glasfasereinlage hergestellt, einem Verfahren, bei welchem der Rumpf in eine Form hineingearbeitet wird, bei dem Spanten in Fortfall kommen und die notwendigen Verstärkungen später einlaminiert werden.

Sehr feste und leichte Rümpfe ergibt auch das Verfahren der Formverleimung, wobei dünne Holzschichten (Furnier) über einen Kern geformt und miteinander verleimt werden. (Abb. 22)

Grundsätzlich unterscheiden wir:

Klinker-
Karwel- (auch Krawel genannt)
Sharpie- oder Knickspantbeplankung

Bug- und Heckformen

Für die Segeleigenschaften eines Bootes ist auch die Ausbildung von Bug und Heck von großer Bedeutung. Hier müssen insbesondere auch die Einflüsse des Seeganges berücksichtigt werden. Ein schmales, scharf geschnittenes Boot mit wenig Auftrieb im Vorschiff, wird bei ruhigem Wasser sicher schneller sein, nimmt aber im Gewell leicht Wasser über und umgekehrt. Für den Verwendungszweck muß also auch hier eine grundsätzliche Entscheidung getroffen werden. (Abb. 23)

Wir unterscheiden folgende Bug- und Heckformen:

gerader Steven	Spiegelheck
Löffelbug	Yachtheck
Klippersteven	Kanuheck

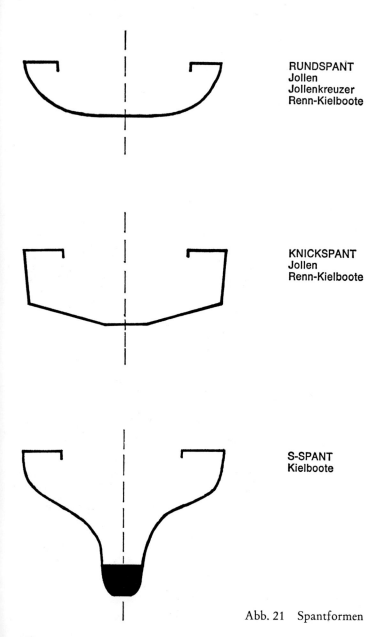

Abb. 21 Spantformen

Karwel

Klinker

Knickspant

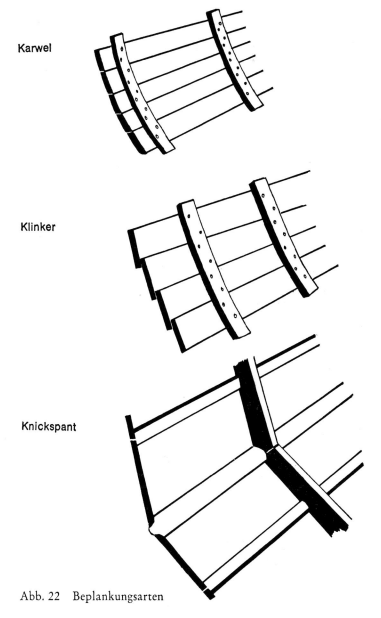

Abb. 22 Beplankungsarten

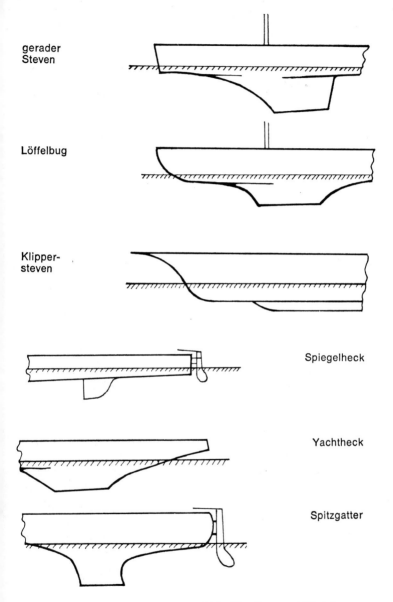

Abb. 23 Bug- und Heckformen

Jollen und Kielboote

Um ein seitliches Abtreiben des Bootes durch Windeinflüsse zu vermeiden, muß das Boot mit Einrichtungen versehen werden, die in Fahrtrichtung einen möglichst geringen, dagegen quer zur Fahrtrichtung einen möglichst hohen Widerstand besitzen. Die gesamte Fläche, die das Boot unter Wasser quer zur Fahrtrichtung besitzt, wird Lateralfläche genannt und der Widerstand, den sie, ebenfalls quer zur Fahrtrichtung, erzeugt, ist der Lateralwiderstand. Selbst bei großer Lateralfläche läßt sich das seitliche Versetzen des Bootes bei schrägem Windeinfall nicht ganz vermeiden. Wir nennen dieses seitliche Abtreiben Abdrift.

Die älteste Art, die Abdrift zu verringern, ist zweifellos das Schwert, welches schon bei alten Lastenseglern Verwendung fand. Da es aufholbar ist, bietet es dem Schiffsführer den Vorteil, mit seinem Schiff auch seichte Gewässer anlaufen zu können oder aber, wenn der Wind weit von achtern einfällt, das Schwert aufzuholen und damit den Wasserwiderstand erheblich zu verringern, was sich durch erhöhte Geschwindigkeit auszahlt.

Im Gegensatz zur Jolle besitzt ein Kielboot einen fest angebrachten Kiel. Es gibt Sonderkonstruktionen, bei denen man den Kiel auch aufholen kann, aber das sind Ausnahmen.

Der in das Segel einfallende Wind bewirkt eine Schräglage (Krängung) des Bootes, die bis zur Kenterung führen kann. Dieser Krängung muß also eine aufrichtende Kraft entgegengesetzt werden.

Bei einer Jolle kann das nicht das Schwert übernehmen, weil sein Gewicht, selbst wenn es aus Eisen ist, hierzu nicht ausreicht. Man macht das Boot daher so breit, daß durch die Krängung so viel Hohlraum unter Wasser gedrückt bzw. verlagert wird, daß hierdurch ein aufrichtendes Moment erzeugt wird. Aber diese Formstabilität reicht bei viel Wind nicht aus, so daß dann unbedingt das Gewicht der Mannschaft mit zur Stabilität herangezogen werden muß.

Bei Kielbooten verwendet man den Kiel gleichzeitig als Ballastträger. Er übernimmt hier eindeutig die Aufgabe, für eine ausreichende Stabilität zu sorgen. Wir sprechen daher von einer Gewichtsstabilität.

Nach der Stabilität, und damit auch Konstruktion, unterscheiden wir daher:

Jollen: Stabilität durch Rumpfform und Gewicht der Mannschaft.
Kielboote: Mit Gewichtsstabilität.

Eine Sonderkonstruktion ist der Kielschwerter. Hier wird zusätzlich zu einem, meist langgestreckten, flachen Kiel ein Schwert verwendet, um, wenn nötig, die Abdrift zu verkleinern. Bei diesen Booten ist der Kiel nach unten mit einem Schlitz versehen, durch den dann das Schwert führt.
Kielschwerter haben den Vorteil, bei aufgeholtem Schwert noch Häfen mit geringer Wassertiefe anlaufen zu können.

Mehrrumpfboote

Eine gute Stabilität kann man auch erreichen, indem man mehrere Rümpfe verwendet. Hier wirkt dann der zur Windseite (Luvseite) liegende Schwimmer als Ballast. Während der Auftrieb des Leeschwimmers ebenfalls zur Stabilität beiträgt; dazu kommt dann noch das Gewicht der Mannschaft, das ja noch, hervorgerufen durch die große Breite, an einem verhältnismäßig großen Hebelarm angreift.

Wir unterscheiden hier: Zweirumpfboote: Katamarane
                         Dreirumpfboote: Trimarane

Ruderanlagen

Um das Boot steuern zu können, wird ein Ruder verwendet. Es wirkt durch die Anströmung des Wassers, logischerweise also nur, wenn das Boot Fahrt durchs Wasser macht. Eine der wichtigsten Voraussetzungen, um überhaupt ein Boot steuern zu können, ist daher, stets Fahrt im Schiff zu haben. Eine Forderung, die Anfängern erfahrungsgemäß große Schwierigkeiten bereitet, so selbstverständlich sie auch klingen mag.

Das Ruder besteht aus: Ruderblatt
                        Ruderschaft
                        Pinne oder Rad

Bei Jollen ist das Ruderblatt aufholbar angeordnet, das heißt, es kann mit einem Ruderfall (Tauwerk) hochgeholt werden.
Kielboote haben feste Ruderanlagen, weil hier der Tiefgang des Ruders ohnehin kleiner ist als der des Kiels.

Takelage / Rigg

Alles, was ein Boot braucht, um durch Segel einen Vortrieb zu erzielen, bezeichnet man als Takelage. Hier wird auch gern der englische Ausdruck Rigg verwendet, der das gleiche bedeutet.

Zur Takelage gehören insbesondere der Mast, die Spieren und das stehende Gut, sowie das laufende Gut.
Ein Boot mit Takelage versehen, nennt man daher auftakeln oder aufriggen.

Takelungsarten

Bei den Takelungsarten gibt es zahlreiche Varianten, da sowohl die Form als auch die Anbringung der Segel und deren Zahl einen breiten Spielraum zuläßt. (Abb. 24)

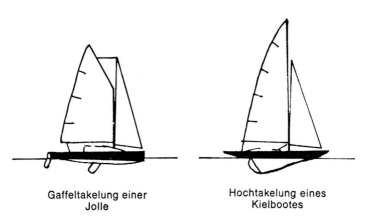

Gaffeltakelung einer Jolle   **Hochtakelung eines Kielbootes**

Abb. 24

Die am häufigsten verwendete Takelungsart ist die Slop, bei der an einem Mast ein Großsegel und ein Vorsegel Verwendung findet. Ist das Großsegel hoch am Mast angeschlagen und in seiner Form dreieckig, so sprechen wir von einer hochgetakelten Slop. Ist das Großsegel dagegen viereckig und oben an einer Spiere (Rundholz, Gaffel genannt) befestigt, so handelt es sich um eine gaffelgetakelte Slop. Ein Boot mit zwei oder mehr Vorsegeln wird, wenn nur ein Mast vorhanden ist, Kutter genannt, während ein Boot, welches nur ein Segel an einem weit vorn stehenden Mast fährt, als Catboot bezeichnet wird.
Bei mehrmastigen Schiffen ist vor allem das Verhältnis der Mastlängen zueinander und deren Lage für die Bezeichnung der Takelungsart bestimmend.

Die Segel

Das Großsegel einer Hochtakelung ist immer dreieckig, während es bei Gaffeltakelung viereckig ist. Beide Takelungsarten finden sowohl bei Jollen, wie auch bei Kielbooten Verwendung.

Die vor dem Mast gefahrenen Segel nennt man Vorsegel. Ein Boot ohne Vorsegel nennt man ein Catboot (nicht zu verwechseln mit einem Katamaran, also einem Zweirumpfboot).

Ein Vorsegel, welches in das von Vorstag, Mast und Deck des Bootes gebildete Dreieck hineinpaßt, nennt man eine Fock. Geht das Schothorn, und damit das Segel, über den Mast nach achtern hinaus, so spricht man gemeinhin von einer Genua, obgleich es hier noch verschiedene Abwandlungen gibt.

Wird noch vor der Fock ein zweites Vorsegel gefahren, so nennt man dieses Segel einen Klüver.

Zu den Vorsegeln gehört auch der Spinnaker, der als großes bauchiges Segel bei achterlichen bis raumen Winden vor dem Vorstag gefahren wird. Er hat nur Seitenlieken und Unterliek.

Die Bezeichnungen am Segel

Die Seiten des Segels nennt man Lieken. Auch hier sagt die Bezeichnung klar aus, worum es sich handelt. So kennen wir:

    Vor-, Achter- und Unterliek.

Da das Achterliek des Großsegels zumeist rund geschnitten wird und so nicht ohne weiteres gut steht, wird es in fast allen Fällen durch Segellatten in die richtige Form gebracht, ausgestellt, wie wir dazu sagen.

Die Ecken des Segels:

oben	Kopf; im Schnittpunkt Vorliek–Achterliek
die vordere Ecke	Hals; im Schnittpunkt Vorliek–Unterliek
das hintere Ende	Schothorn; im Schnittpunkt Unterliek–Achterliek

Ein Segel wird also immer am Kopf mit dem Fall gesetzt, mit dem Hals unten am Schiff oder Mast fest angeschlagen und dann direkt oder über eine Spiere mit der Schot am Schothorn verbunden.

Reffen/Sturmbesegelung

Wird der Wind für die volle Segelfläche zu stark, so wird gerefft, d. h. die Segelfläche verkleinert.

Das Reffen des Großsegels erfolgt, indem man es entweder um den Großbaum wickelt, der zu diesem Zweck drehbar konstruiert

ist (Patentreff), oder besser, indem es durch Reffbändsel, die im unteren Teil des Segels eingenäht sind oder die durch Kauschen geführt werden, zum Teil auf den Baum gebunden wird.
Normalerweise reicht diese Methode aus, um auch größere Windstärken zu meistern. Es soll aber nicht vergessen werden, daß die Stärke des Segeltuches für große Windstärken zu leicht ist. Daher verwendet man besser, zumal für längere Sturmfahrten, hierfür ein spezielles Sturmsegel, welches aus sehr starkem Tuch besteht und relativ klein in der Segelfläche ist. Es wird Trysegel genannt.
Da auch die großen Vorsegel schwerem Wetter nicht gewachsen sind, gehört auf jedes Boot eine Sturmfock.

Spieren

Alle Rundhölzer an Bord, außer Mast und Klüverbaum, nennt man Spieren. Wir unterscheiden dabei zwischen festen, d. h. unbeweglichen, und beweglichen Spieren.
Zu den beweglichen Spieren zählen z. B. Großbaum, Gaffel und Spinnakerbaum, während die Saling, d. h. die seitliche Versteifung des Mastes über die Wanten, zu den festen Spieren gehört.

Tauwerk zum Segeln

Der Segler unterscheidet zwischen stehendem und laufendem Gut. Auch hier gilt, daß alles zum Gut zählt, was früher einmal aus Tauwerk war und was heute durch Stahl ersetzt wurde.
Zum festen Gut, auch stehendes Gut genannt, zählt alles, was den Mast hält. Das ist nach vorn das Vorstag, nach achtern das Achterstag, während die seitliche Abstützung die Wanten übernehmen. Kann ein Achterstag nicht gefahren werden, z. B. bei einer Gaffeltakelung, oder ist aus Festigkeitsgründen die Notwendigkeit gegeben, dem Mast außer dem Achterstag nach achtern zusätzlich mehr Festigkeit, z. B. gegen Durchbiegen, zu geben, so werden zusätzlich noch Backstagen gefahren, die zwar beim Wechsel der Windseite bedient werden müssen, die aber trotzdem zum stehenden Gut gehören, eben weil sie der Abstützung des Mastes dienen.
An stehendem Gut kennen wir:
  Wanten und Stagen
wobei die Unterteilung in Vorstag, Achterstag, Backstag und Ober- und Unterwant üblich ist.
Zur Bedienung der Segel wird laufendes Gut benötigt. Hier benötigen wir zunächst zum Setzen der Segel die Fallen, also für eine hochgetakelte Slop z. B. je ein Fall für das Großsegel und eines für

die Fock. Wir nennen sie dem Verwendungszweck entsprechend Großfall und Fockfall.

Ist das Boot gaffelgetakelt, so müssen wir, um die richtige Stellung der Gaffel zu erzielen, zwei Fallen verwenden. Das am Mast gefahrene Ende heißt Klaufall, während das andere mit Piekfall bezeichnet wird.

Um die Segel in den richtigen Anstellwinkel zum Wind zu bekommen, ist hier der Einsatz von laufendem Gut erforderlich. Entsprechend der Bezeichnung der Segel nennen wir das Ende für das Großsegel Großschot, das für die Fock, Fockschot.

Wir können auch das laufende Gut zusammenfassen in:
    Fallen und Schoten
obgleich zum laufenden Gut z. B. auch die Flaggenleine gehört.

Grundbegriffe des Segelns

Erzeugung von Vortrieb

Beim praktischen Segeln kommt es zunächst darauf an, daß wir uns darüber klar sind, daß man nicht direkt gegen den Wind segeln kann. Die Segel müssen, um Vortrieb zu erzeugen, eine Schrägstellung zum Wind besitzen, so daß sich ein Profil ergibt, welches die Umsetzung der Strömungsenergie in eine am Segel wirkende Kraft ermöglicht. Wie weit, man sagt, wie hoch, man am Wind segeln kann, hängt also nicht nur vom Boot, sondern vielmehr von der Formgebung der Segel und deren richtige Einstellung ab.

Man kann, bei richtiger Segeleinstellung, davon ausgehen, daß bei einem Windeinfallwinkel von 45 Grad immer noch ein guter Vortrieb zu erzielen ist, so daß ein Anfänger sich diesen Einfallswinkel in etwa merken sollte. Fährt man höher am Wind, so muß man damit rechnen, daß die Strömung abreißt und viel Fahrt verloren geht bzw. das Boot ganz zum Stehen kommt. Da das Ruderblatt, um wirksam werden zu können, aber immer eine Mindestanströmgeschwindigkeit haben muß, wird unser Boot manövrierunfähig. Oberster Grundsatz muß also sein, „immer Fahrt im Schiff".

Fällt der Wind von der falschen Seite ein, so sagen wir das Segel steht Back, im Gegenteil zu einem Segel, welches zu lose gegen den Wind gestellt ist und flattert, was wir Killen nennen.

Wahrer und scheinbarer Wind

Wesentlich ist auch zu wissen, daß der Wind, der das Segel eines in Fahrt befindlichen Schiffes trifft, der sogenannte scheinbare Wind ist, der sich aus wahrem Wind und Fahrtwind zusammensetzt, wobei wir als wahren Wind den Wind verstehen, den wir bei ruhendem Boot wahrnehmen, während der scheinbare Wind die Resultierende aus wahrem Wind und Fahrtwind darstellt.

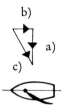

a) wahrer Wind, b) Fahrtwind, c) scheinbarer Wind

Merke: Bei Kursen am Wind addieren sich die Vektoren wahrer und Fahrtwind. Der scheinbare Wind fällt stärker und vorlicher ein, als der wahre Wind. Bei Fahrt mit dem Wind (achterlicher als querab) wird der scheinbare Wind kleiner als der wahre Wind, er fällt aber auch vorlicher ein.

Luv und Lee

Für das Wegerecht der Segelboote untereinander ist zunächst maßgebend, von welcher Seite der Wind auf das Segel trifft. Wir bezeichnen die dem Wind zugekehrte Seite als Luv, die dem Wind abgekehrte Seite als Lee. Bei einem segelnden Boot befinden sich die Segel also immer auf der Lee-Seite.

Ein Segel, welches gegen den Wind steht, steht back. Es erzeugt dann negativen Vorschub, also eine Bremsung oder Rückwärtsfahrt, was bei schwierigen Manövern ausgenutzt werden kann, wenn man z. B. bei einer mißratenen Wende im Wind stehen bleibt oder rückwärts vom Steg ablegen muß.

Segelmanöver

Anluven und Abfallen

Wollen wir das Boot höher an den Wind bringen, so sprechen wir von anluven. Wollen wir mit dem Bug weg vom Wind, so nennt man das abfallen. (Abb. 25)

Will ein Boot immer mit dem Bug zum Wind, so ist es luvgierig, will es dagegen immer abfallen, so nennen wir es leegierig.

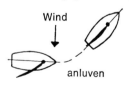
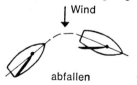

Abb. 25

Wende

Liegt ein Ziel, das wir erreichen wollen, soweit luvwärts, daß wir es auf geradem Kurs nicht erreichen können, wir sagen, wir können den Kurs nicht mehr anliegen, so müssen wir uns durch Kreuzen an das Ziel heranarbeiten. Die Manöver, die wir dazu ausführen müssen, nennt man Wenden. Eine Wende ist ein Manöver mit dem Bug durch den Wind. (Abb. 26)

Kommandos zur Wende:

Klar zur Wende
(Ankündigung)

Rhee
(Ausführung)

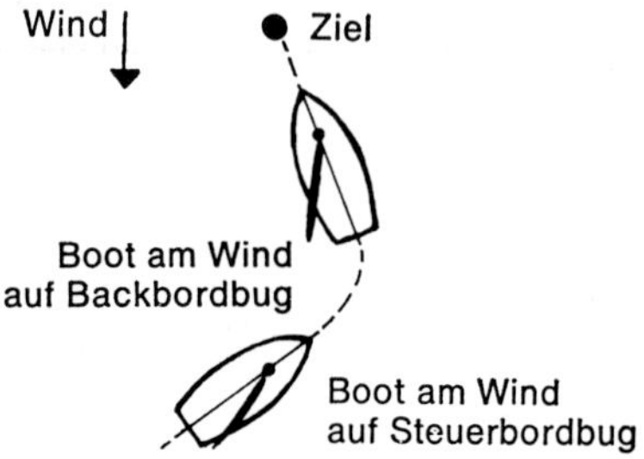

Abb. 26 Wende

Halse und Q-Wende
Fahren wir mit dem Wind und ist eine Kursänderung erforderlich, bei welcher auch der neue Kurs achterlichen Windeinfall hat, so sind zwei Manöver möglich: Halse oder Q-Wende. (Abb. 27 u. 28)

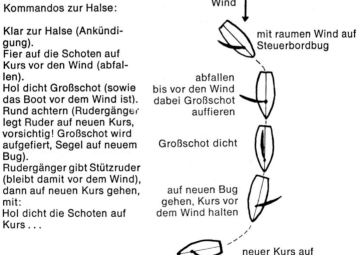

Kommandos zur Halse:

Klar zur Halse (Ankündigung).
Fier auf die Schoten auf Kurs vor den Wind (abfallen).
Hol dicht Großschot (sowie das Boot vor dem Wind ist).
Rund achtern (Rudergänger legt Ruder auf neuen Kurs, vorsichtig! Großschot wird aufgefiert, Segel auf neuem Bug).
Rudergänger gibt Stützruder (bleibt damit vor dem Wind), dann auf neuen Kurs gehen, mit:
Hol dicht die Schoten auf Kurs...

Abb. 27 Halse

Bei der Halse wechseln wir den Bug auf einem Kurs vor dem Wind. Die Halse muß in den einzelnen Phasen bei viel Wind sehr sorgfältig gefahren werden. Vor dem Wind ist zunächst die Großschot ganz dicht zu nehmen, damit das Großsegel nicht schlagartig auf die neue Seite geht. Der Rudergänger macht dann einen kleinen Ausschlag mit dem Ruder, so daß der Wind von der neuen Seite einfällt. Die Großschot wird dann sofort ganz aufgefiert. Hierbei wird erneut Kurs vor dem Wind genommen, d. h. Stützruder gelegt. Erst, wenn alles klar ist, wieder anluven.

Eine Halse ist also ein Manöver mit dem Heck durch den Wind.

Wird eine Halse auf Kurs vor dem Wind ausgeführt und bleibt der neue Kurs auch vor dem Wind, so nennt man das Manöver schiften. (Abb. 27)

Bei der Q-Wende wird zunächst angeluvt auf Kurs am Wind, dann eine normale Wende gefahren und wieder auf raumen Kurs abgefallen.

Eine Q-Wende ist eine Wende, bei welcher der alte Kurs gekreuzt wird. (Abb. 28)

Kommandos zur Q-Wende:

Klar zur Q-Wende
(Ankündigung)

Rhee
(Ausführung)

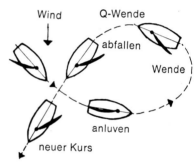

Abb. 28   Q-Wende

Aufschießer

Für alle Manöver, die ein still stehendes Boot verlangen, also Segel setzen, Segel bergen, an den Steg gehen oder an die Boje, auch um zu ankern, läßt man das Boot im Wind auslaufen, d. h. der Windeinfall ist genau von vorn. Man nennt das einen Aufschießer.

Ein Aufschießer ist also ein Manöver, bei welchem man das Boot im Wind (mit losen Schoten) auslaufen läßt.

Der Aufschießer wird auch beim Manöver „Mann über Bord" benötigt, da man ja mit dem Boot am Mann stehen muß, um ihn an Bord nehmen zu können.

„Mann über Bord"

Beim Manöver „Mann über Bord" ist es wichtig, daß man so schnell wie möglich zum Mann zurückkehrt und daß das Boot (fast) keine Fahrt mehr macht, wenn man wieder bei ihm ist.

Das schnellste Manöver aus Kursen am Wind ist die Halse. Nur muß der Raum, den man durch die Halse nach Lee verliert, erst gewonnen werden. Also zunächst hoch am Wind etwa zwei bis drei Bootslängen weitersegeln, dann die Halse und mit einem Aufschießer wieder zum Mann. (Abb. 29a)

Ist das Boot am Wind, kann auch eine Q-Wende gefahren werden. Hier ist zu beachten, daß die Wende durch den Wind mit dem Bug läuft, wir erhalten also Raum nach Luv, den wir nicht gebrauchen können, weil wir sonst luvseitig zum Mann kommen. Daher zunächst abfallen, dann die Q-Wende und wieder mit einem Aufschießer hin zum Mann.

Geht ein Mann über Bord auf raumen Kursen, so ist man mit einer Q-Wende wieder am schnellsten bei ihm. (Abb. 29 b, c)

Segeln bei schwerem Wetter

Besteht Sturmgefahr, sofort Schwimmwesten anlegen, reffen, Luken dicht!

Jedes Boot kann sich, wenn der Winddruck zu groß wird, flach aufs Wasser legen. Wenn man bedenkt, daß eine Jolle dann kein aufrichtendes Moment mehr besitzt, ist es nur durch Hilfe des Mannschaftsgewichtes möglich, das Boot wieder aufzurichten. Bei Kielbooten sollte der Ballastanteil groß genug sein, das Boot wieder aufzurichten. Voraussetzung ist hier aber, daß das Boot schwimmfähig bleibt, d. h. seinen Ballast auch tragen kann. Sind genügend Hohlräume vorhanden, müßte dies der Fall sein, vorausgesetzt, sie können nicht vollaufen. Daher bei schwerem Wetter stets Kajüten dicht abschotten, damit der Innenraum nicht mit Wasser vollaufen kann.

Um das Wiederaufrichten zu erleichtern, sofort alle Schoten loswerfen, da die Segel fest auf dem Wasser haften. Richtet sich das Boot dann wieder auf, kann der Wind auch nicht gleich wieder Kraft in die Segel bringen und es erneut kentern. Man läßt also die Segel zunächst im Wind flattern (killen), bis alles wieder klar ist.

Ist ein Aufrichten des Bootes ohne fremde Hilfe nicht möglich, beim Boot bleiben und durch Notsignale, Winken oder Rufen Hilfe herbeiholen. Niemals das Boot verlassen, solange es schwimmt.

Bricht auf der Fahrt einmal ein Want, sofort eine Wende fahren. Das gebrochene Want wird dann Lee-Want und ist somit von der Zugkraft befreit, während der Mast vom noch heilen Want gestützt wird. Das gebrochene Want ersetzt man am leichtesten, indem man die Fock birgt und das Fockfall an seine Stelle setzt. Dann vorsichtig, mit möglichst losen Schoten, bei viel Wind mit gerefftem Großsegel, versuchen, den nächsten Hafen zu erreichen.

Abb. 29
Mann über Bord-Manöver

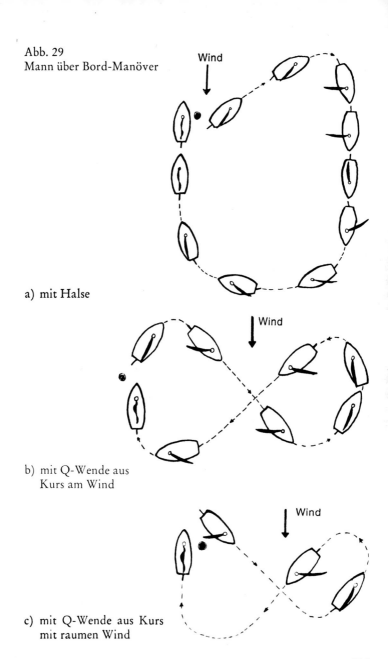

a) mit Halse

b) mit Q-Wende aus Kurs am Wind

c) mit Q-Wende aus Kurs mit raumen Wind

Prüfungsfragen und Antworten zu Teil IX Segeln

194
Welche Spantformen kennen Sie?

Rundspant, S-Spant, Knickspant.

195
Welche Beplankungsarten kennen Sie?

Klinker, Karwel, Sharpie (Nahtspantbeplankung).

196
Welche Bugformen kennen Sie?

Gerader Steven, Löffelbug, Klippersteven.

197
Welche Heckformen kennen Sie?

Spiegelheck, Yachtheck, Spitzgatter.

198
Wodurch unterscheiden sich Jollen von Kielyachten hinsichtlich der Stabilität?

Jollen: Formstabilität und Gewicht der Mannschaft. Kielboote: Ballast im Kiel.

199
Wozu dienen die Schoten?

Zum Bedienen der Segel.

200
Was gehört zu einer Ruderanlage?

Pinne oder Rad, Blatt, Schaft, Welle.

201
Was bezeichnet man als Kielschwerter?

Kielboote mit zusätzlichem Schwert.

202
Welchem Zweck dient das Schwert bei der Jolle?

Zur Verminderung der Abdrift — Vergrößerung des Lateralplanes.

203
Erklären Sie den Unterschied zwischen einer Jolle und einem Katamaran!

Jolle: Einrumpfboot. Katamaran: Boot mit zwei Rümpfen.

204
Wie nennt man Boote mit zwei Rümpfen und wie Boote mit drei Rümpfen?

Katamaran, Trimaran.

205
Was verstehen Sie unter dem Begriff Rigg oder Takelage?

Mast und Spieren, sowie stehendes und laufendes Gut.

206
Was bezeichnet man als „Abtakeln"?

Boot von Takelage befreien.

207
Wie unterscheidet sich eine Cat- von einer Sluptakelung?

Cattakelage hat kein Vorsegel.

208
Wie unterscheiden sich hinsichtlich der Segelform Gaffel- und Hochtakelung?

Hochtakelung hat Segel mit drei, Gaffeltakelung mit vier Ecken.

209
Nennen Sie die gebräuchlichsten Vorsegel auf Sportbooten!

Fock, Genua, Spinnaker, Sturmfock.

210
Wie werden die Kanten (Seiten) des Segels bezeichnet?

Vor-, Unter-, Achterliek.

211
Was bezeichnet man als Liek?

Die Seiten (Kanten) des Segels.

212
Nennen Sie die Namen der Ecken eines Segels und deren Verwendungszweck?

Kopf, zum Setzen des Segels; Hals, zum Anschlagen am Mast; Schothorn, zum Anschlagen der Schot oder an der Nock des Baumes.

213
Welches ist die Aufgabe der Spreizlatten?

Ausstellen des Achterliekes.

214
Welche Sturmsegel kennen Sie?

Sturmfock und Trysegel.

215
Was bezeichnet man gemeinhin als reffen?

Verkleinern der Großsegelfläche.

216
Was wird als Spiere bezeichnet?

Alle Rundhölzer an Bord, außer Mast und Klüverbaum.

217
Nennen Sie einige bewegliche Spieren!

Großbaum, Spinnakerbaum, Gaffel.

218
Nennen Sie eine feste Spiere!

Saling.

219
Welche Aufgabe hat die Saling?

Bessere seitliche Abstützung des Mastes durch die Wanten.

220
Welche Teile zählen zum stehenden Gut?

Wanten und Stagen.

221
Was sind Backstagen, wozu zählen Sie?

Seitlich nach achtern laufende Verstagung des Mastes, stehendes Gut.

222
Wodurch wird der Mast nach achtern und vorn abgestützt?

Vor- und Achterstag, eventuell Backstagen.

223
Womit wird der Mast seitlich abgestützt?

Wanten und Backstagen.

224
Welche Aufgabe hat das laufende Gut?

Setzen und Bedienen der Segel.

225
Nennen Sie einige Teile des laufenden Gutes!

Fallen und Schoten.

226
Welcher Wind trifft ein segelndes Boot?

Der scheinbare Wind.

227
Was bezeichnet man als wahren Wind?

Der Wind, der auf einem ruhenden Boot wahrgenommen wird.

228
Was bezeichnet man als scheinbaren Wind?

Resultierende aus wahrem Wind und Fahrtwind.

229
Welches ist die Luv-, welches die Leeseite eines Schiffes?

Luv ist die dem Wind zugekehrte, Lee die ihm abgewandte Seite.

230
Warum sollte ein Boot nicht leegierig sein?

Aus Sicherheitsgründen zur Verminderung des Ruderdrucks und zur Erhöhung der Kursstabilität.

231
Was bedeutet der Ausdruck „killen"?

Flattern des Segels.

232
Erklären Sie den Begriff „anluven"!

Mit dem Bug zum Wind gehen.

233
Erklären Sie den Begriff „abfallen"!

Mit dem Bug weg vom Wind gehen.

234
Wann bezeichnet man ein Boot als luvgierig?

Ein Boot, das immer anluven will.

235
Wann bezeichnet man ein Boot als leegierig?

Ein Boot, das immer abfallen will.

236
Welches Manöver wird als Wende bezeichnet?

Ein Manöver mit dem Bug durch den Wind.

237
Was ist eine Q-Wende?

Eine Wende, die den eigenen Kurs kreuzt.

238
Welches Manöver wird als Halse bezeichnet?

Ein Manöver mit dem Heck durch den Wind.

239
Was verstehen Sie unter schiften eines Segels?

Wechsel des Bugs, auf Kurs vor dem Wind.

240
Was bezeichnet man als Aufschießer und wie wird er gefahren?

Das Boot im Wind auslaufen lassen.

241
Wann wird ein Aufschießer gefahren?

Zum Anlegen, an die Boje gehen, Ankern, Segel bergen und um einen Mann aufzunehmen.

242
Sie wollen aus einem Am Wind Kurs an einer Boje anlegen, welches Manöver fahren Sie?

Einen Aufschießer.

243
Sie wollen aus einem raumen Kurs an eine Boje gehen, welche Manöver fahren Sie?

An den Wind gehen, dann Aufschießer.

244
Sie segeln mit raumen Wind, wie führen Sie ein Ankermanöver aus?

Ankergeschirr klar machen, evtl. Vorsegel bergen, an den Wind gehen, Aufschießer zum Ankerplatz machen, wenn Boot steht, Anker fallen lassen.

245
Was verstehen Sie unter einem „Mann-über-Bord"-Manöver und wie wird es ausgeführt?

Rettungsmanöver mittels Q-Wende oder mittels Halse mit anluven und aufschießen.

246
Was unternehmen Sie sofort bei Bruch eines Luvwantes?

Sofort Wende, dann Want durch Vorsegelfall ersetzen. Hafen anlaufen.

247

Wie sollen Sie sich bei schwimmendem Boot nach einer Kenterung verhalten?

Bei schwimmendem Boot unbedingt beim Boot bleiben, Notsignale geben.

Wegerecht:
Segelboot auf Kollisionskurs mit anderen Fahrzeugen (ausser Segelbooten).
Anmerkung:
Die Stellung zum Wind ist gleichgültig und spielt keine Rolle!

248

Wie hat sich ein Segelboot gegenüber einem Ruderboot zu verhalten?

Ruderboot hat dem Segelboot grundsätzlich auszuweichen, Schiffsführer des Segelbootes hat allgemeine Sorgfaltspflicht zu beachten, denn die Insassen eines Ruderbootes sind häufig nicht rechtskundig.

249

Wie hat sich das Segelboot gegenüber dem Polizeiboot, das das blaue Blinklicht zeigt, zu verhalten?

Das Polizeiboot, das ein blaues Blinklicht zeigt, befindet sich in einem dringendem Einsatz; es ist ihm entsprechender Raum zu geben.

250
Wie hat sich ein Segelboot gegenüber einem Fischerboot, das eine weiße Flagge gesetzt hat, zu verhalten?

Eine Ausweichpflicht gegenüber dem Fischerboot, das eine Schleppangel zieht, besteht nicht; jedoch allgemeine Sorgfaltspflicht nach Artikel 1.03 BodenseeSchO beachten!

251
Wer muß ausweichen (weiß oder schwarz) und wie lautet die Begründung?

Das Segelboot (weiß) muß ausweichen, weil es sich bei dem schwarzen Fahrzeug um ein Vorrangschiff handelt, das bei Nacht an dem grünen Rundumlicht, ca. 1 m über dem Toplicht, zu erkennen ist und absolutes Wegerecht hat.

252
Wie hat sich ein Segelboot gegenüber dem Fischerboot, das einen weißen Ball gesetzt hat, zu verhalten?

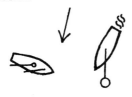

Den Fischerbooten der Berufsfischer, die einen weißen Ball gesetzt haben, müssen die Segelboote ausweichen.

253

Wer muß ausweichen (weiß oder schwarz) und wie lautet die Begründung?

Das Segelboot (weiß) muß ausweichen, weil es sich bei dem schwarzen Fahrzeug um ein Vorrangfahrzeug handelt, das an der grün/weißen Flagge zu erkennen ist und absolutes Wegerecht hat.

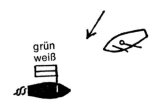

Wegerecht: Segelboote untereinander.

254
Wer hat Wegerecht?

B, Backbordbug vor Steuerbordbug.

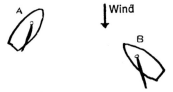

255
Wer hat Wegerecht?

B, Backbordbug vor Steuerbordbug.

256
Wer hat Wegerecht? Wie verhält sich B?

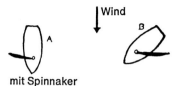
mit Spinnaker

B hat Wegerecht, sollte aber fairerweise A den Weg freigeben.

257
Wer hat Wegerecht?

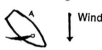

B, beide Steuerbordbug, dann Lee vor Luv.

Stadler Bodensee-Taschenbuchreihe

- **Band 1** **Bodensee-Schiffahrtsordnung**
- **Band 2** *Deppert*, **Die weiße Flotte**
  Wissenswertes über die Schiffahrt auf dem Bodensee
- **Band 3** *Einsle*, **Wissenswertes über den Bodensee**
- **Band 4** *Dobras*, **Lindauer Wanderbuch**
  Wanderungen und Spaziergänge im Landkreis Lindau
- **Band 5** *Spuler/Dobras*, **Lindauer Kunst- und Architekturführer**
  Sehenswürdigkeiten am bayerischen Bodenseeufer
- **Band 6** *Hett*, **Bodensee-Schifferpatent für Segler und Motorbootfahrer**
  Anleitung für den Unterricht mit Prüfungsfragen und -antworten
- **Band 7** *Spuler*, **Bodensee-Kunstführer**
  Kirchen · Klöster · Städte am See
- **Band 8** *Stather*, **Bodensee-Museumsführer**
  Museen rund um den Bodensee und angrenzende Gebiete
- **Band 9** *Stather*, **Führer zu den Stätten der Ur- und Frühgeschichte**
  am Bodensee und Hochrhein

Alles über den Bodensee ...

Fordern Sie Gesamtprospekt an!

VERLAG STADLER

Postfach 52 20 D-7750 Konstanz